MARCELLO SILVESTRINI
GRAZIELLA NOVEMBRI
ANNA MARIA CECCANIBBI
ROSELLA PARADISI

benvenuti IN ITALIA

viaggio nella storia, geografia, cultura e vita italiana

VOLUME 2

Stampa
Guerra guru s.r.l. - Perugia

I edizione
© Copyright 2005
Guerra Edizioni - Perugia
ISBN 88-7715-852-2

Proprietà letteraria riservata.
I diritti di traduzione di memorizzazione elettronica, di produzione e di adattamento totale o parziale, con qualsiasi mezzo (compresi microfilm e le copie fotostatiche), sono riservati per tutti i paesi.

Gli autori e l'Editore sono a disposizione degli aventi diritto con i quali non è stato possibile comunicare nonché per involontarie omissioni o inesattezze nella citazione delle fonti dei brani o immagini riprodotte nel presente volume.

Guerra Edizioni
via Aldo Manna 25 - Perugia (Italia)
tel. +39 075 5289090
fax +39 075 5288244
e-mail: geinfo@guerra-edizioni.com
www.guerra-edizioni.com

Progetto grafico
salt & pepper_perugia

MARCELLO SILVESTRINI
GRAZIELLA NOVEMBRI
ANNA MARIA CECCANIBBI
ROSELLA PARADISI

benvenuti IN ITALIA

viaggio nella storia, geografia, cultura e vita italiana

VOLUME 2

Sommario

benvenuti IN ITALIA

Modulo A

NOTE DI GEOGRAFIA — l'Italia di oggi
Settori produttivi 9
Esercizi 33

NOTE DI STORIA — l'Italia di ieri
Roma e l'impero:
la vita quotidiana 41
Esercizi 53

NOTE DI CIVILTÀ — vita italiana
Aspetti e problemi
della società italiana 59
Esercizi 71

Modulo B

NOTE DI GEOGRAFIA — l'Europa 77
Esercizi 93

NOTE DI STORIA — l'Italia di ieri
Il Medioevo 99
Esercizi 119

NOTE DI CIVILTÀ — l'Unione Europea 125
Esercizi 135

premessa

NOTE DI GEOGRAFIA, NOTE DI STORIA, NOTE DI CIVILTÀ, non manuale di geografia, di storia, di civiltà, perché non si è inteso realizzare un corso sistematico, ma offrire spunti, dare input di carattere geografico, storico e di civiltà e perché destinato a studenti di Italiano come Lingua Straniera.
Note proposte direttamente in italiano. Tale approccio metodologico trova la sua enucleazione primaria nei suggerimenti che già nel 1995 la Commissione Europea nel libro bianco sull'educazione dal titolo "Zeaching end learning Towardsthe learning society", nel porre come obiettivo educativo per l'Europa la conoscenza di tre lingue comunitarie, suggeriva come modalità per raggiungere in contesto scolastico l'obiettivo del plurilinguismo in maniera naturale.
Insegnare "in" lingua permette di operare con la lingua ad un livello qualitativo più alto non solo per la durata dell'esposizione alla lingua medesima ma per lo spessore concettuale che il linguaggio disciplinare veicola.
Esperienze in questo senso e buone pratiche si hanno nelle scuole bilingui.
Dal punto di vista degli allievi i vantaggi si evidenziano:
- sul piano della motivazione e del coinvolgimento perché i temi e gli argomenti risultano autentici e rispondono alle curiosità e agli interessi;
- sul piano della competenza linguistica che, sia per la maggiore esposizione alla lingua sia per la qualità dell'esposizione medesima, risulta essere maggiormente acquisita;
- sul piano della cultura generale e dello sviluppo del senso critico per la specificità dei contenuti che sono riferiti ad un'altra cultura ed ad un'altra impostazione socio-culturale;
- sul piano dell'apprendimento di un metodo di studio perché questo procedimento permette allo studente di imparare la lingua in maniera incidentale, ossia spostando l'attenzione dall'oggetto lingua, che rimane sullo sfondo come uno strumento di conoscenza, e viene acquisito senza una consapevolezza esplicita, ad un contenuto a più alta valenza cognitiva.

E' dimostrato che questo modo risulta molto efficace, profondo e duraturo e completa positivamente l'insegnamento sistematico ed intenzionale della Lingua straniera così come avviene in contesti strutturati.
La presenza di testi argomentativi, che possono essere proposti appena superato il momento interattivo dialogico, previsto nei primi tempi per le classi di L.S., offre l'opportunità di insegnare ed imparare ad esprimere preferenze, mettere in rilievo situazioni, discutere, esprimere opinioni, difendere un punto di vista in lingua straniera.
Il tutto facilitato da input non verbali, ma visivi, per la presenza di immagini autentiche, grafici, cartine, materiali "realia" che introducono al contesto socio culturale necessario.
In Europa questi concetti sono recepiti per molte lingue.
Con questo lavoro si è voluto tentare di strutturare materiali adatti per la lingua e la cultura italiana, materiali adatti per quelle realtà che vogliono condurre i ragazzi oltre la competenza di tipo solo comunicativo.
Le sezioni sono divise e inserite in moduli di lavoro con contenuti e difficoltà graduate.
Le note di civiltà introducono lo studio alla convivenza sociale e civile secondo l'organizzazione e la legislazione italiane. Geografia e Storia conservano una loro struttura a carattere disciplinare per consentire un uso corretto dei materiali in ambito scolastico e sono intese nell'accezione che ne danno i geografi e gli storici odierni.
Il testo ha una struttura comunicativa specifica che risponde alle caratteristiche dell'oggetto trattato: narrativa se vengono presentati gli avvenimenti, descrittiva se si tratta del contesto in cui essi sono

inseriti, argomentativa se si illustra la spiegazione ai problemi con un linguaggio accessibile agli studenti, ma anche e soprattutto arricchito di esercitazioni graduate secondo livelli di complessità, nella sezione denominata Quaderno dello Studente, al termine di ogni unità, che costituiscono un vero e proprio percorso operativo dell'apprendimento.

NOTE DI GEOGRAFIA

Il significato del termine Geografia, dal greco Ghè=terra e grafèin=scrivere benché esatto, non è più sufficiente a chiarire tutto ciò di cui, questa "scienza" si occupa, né ce ne spiega l'importanza e l'utilità.
Senza entrare nel merito della discussione teorica ed epistemologica, ormai studiosi e non, sono concordi nell'affermare che essa è oggi una scienza straordinariamente cresciuta e che al di là dei contenuti che affronta, dobbiamo sicuramente considerarla più che scienza naturale e descrittiva, scienza interpretativa ed esplicativa.
Una geografia sicuramente in grado di accrescere conoscenze significative tali da consentire di "leggere e capire il mondo", preoccupandosi non tanto della sua descrizione, del com'è, ma della sua interpretazione, del perché è così.
Anche per questo motivo oggi è sempre più difficile limitarsi a "descrivere" la Terra e i suoi elementi naturali, mentre è necessario tener conto del cosiddetto paesaggio umano, ossia di tutto ciò che l'uomo fa oggi e ha fatto ieri sulla Terra, e dei problemi che l'uomo stesso è chiamato a risolvere per un prossimo futuro.

Geografia intesa dunque come scienza che rileva ed interpreta i caratteri dei luoghi geografici, che studia i rapporti tra ambiente e società umane, che elabora e propone modelli di spiegazione dell'intervento umano sul territorio, che produce una teoria di paesaggio geografico come costruzione di sintesi dei modi per interagire con la natura e dei rapporti culturali, economici e sociali operanti in una società e tra società.
Il percorso di conoscenza dell'Italia, un Paese e un territorio ricco di una grande e molteplice varietà di paesaggi, di bellezze naturali e artistiche, un paese piccolo, dalla conformazione particolare, densamente popolato e con una lunga storia di civiltà, offre un ampio quadro di studio delle innumerevoli dinamiche uomo-ambiente, uomo-territorio e quindi percorsi significativi di apprendimento geografico.
La geografia, ancor più facilmente che la storia può essere scritta a partire dalle cose. Case, villaggi, città, strade, campi sono gli oggetti che costituiscono i paesaggi più o meno quotidiani della nostra esistenza anche se poi lo sforzo è comunque quello di distaccarsi e liberarsene verso la costruzione di concetti astratti e la creazione di "modelli".
Le pagine che illustrano caratteristiche fisiche e climatiche raccolgono anche gli elementi paesaggistici e umani propri di ciascun ambiente seguendo un percorso metodologico che risponde ad alcune domande fondamentali:
- il dov'è (distribuzione)
- il com'è rispetto a spazio, tempo (comparazione)
- il perché è così (ipotesi esplicative)
- quali rapporti intesse (interdipendenza)
- quale lo spazio prodotto (valutazione-finalità)
- quali alternative (progettualità)

Il vasto corredo visivo che accompagna ogni unità tematica, svolge un ruolo complementare al testo e ne costituisce un percorso parallelo che documenta, indaga, spiega. Molti dati sono visualizzati sotto forma di grafici, proprio per facilitare l'immediata lettura e comparazione, operare confronti, verificare fenomeni, indagare cause.

NOTE DI STORIA

Perché studiare la Storia Antica d'Italia?
- Per conoscere i Popoli che l'hanno abitata, ossia, per ritrovare le proprie radici.
- Per individuare gli elementi che l'hanno resa una potenza nel bacino del Mediterraneo.
- Per rintracciare i fattori di civiltà ancora presenti nella vita civile italiana e non solo.
- Per "collocare" un patrimonio artistico incredibilmente vasto in quadri di civiltà.
- Per mantenere salda la propria identità culturale in un mondo ormai globalizzato, e aprirsi al confronto autentico e allo scambio.

Innumerevoli altri ancora potrebbero essere i motivi, ma noi, in questo contesto, vorremmo solo sottolineare l'importanza formativa dello studio della storia senza altre attribuzioni.
L'apprendimento della storia può dare utili contributi alla formazione della personalità cognitiva e affettiva degli studenti e delle studentesse.
Si configura un campo disciplinare inteso come insieme di percorsi modulari, basati su una varietà di settori di indagine, spazi, tempi, soggetti, generi e problemi storici. Nella costruzione di questi percorsi, l'insegnante seleziona i contenuti sia sulla base delle rilevanze storiografiche indicate dalla ricerca scientifica, sia sulla base della loro utilità didattica, ovvero sulla possibilità di utilizzare tali contenuti come occasione per attivare e/o rafforzare le capacità disciplinari e trasversali degli studenti.
Tra gli elementi che compongono la conoscenza storica un posto determinante occupano proprio quelli che derivano direttamente dal presente: le attribuzioni di significato, le concettualizzazioni, le valutazioni, i giudizi, le ipotesi problematiche, le ipotesi di spiegazione.
E nel presente viene utilizzata la conoscenza storica. Anzi, per dir meglio: la formazione di una cultura storica ha proprio la funzione di favorire grandemente la comprensione del presente, del mondo attuale.

NOTE DI CIVILTÀ

Questa sezione vuole rispondere alle aspettative di conoscenza della vita italiana attuale da parte degli studenti che imparano la lingua italiana come lingua straniera.
Vi sono presentati elementi funzionali per capire la vita quotidiana, la comunicazione dei mass media, le conversazioni dei parlanti nei vari ambienti, ma anche elementi strutturali quali l'organizzazione dello Stato, e quella della vita sociale.
Ogni soggetto è trattato in maniera concettuale e linguistica semplice, ma non banale. Per l'approfondimento eventuale e l'aggiornamento sono indicati in calce agli argomenti i siti di riferimento, di sicura utilità anche per i docenti. La materia infatti è dinamica, in continua evoluzione proprio come la società che vuole descrivere e sfugge ad una fissazione cartacea.

benvenuti
IN ITALIA

Note di Geografia

A modulo

l'Italia di oggi

SETTORI PRODUTTIVI:
PRIMARIO > AGRICOLTURA, PESCA, COLTURE
SECONDARIO > INDUSTRIA, COMMERCIO, ARTIGIANATO
TERZIARIO > I SERVIZI

L'Italia di oggi

I settori produttivi

L'OCCUPAZIONE

Possiamo classificare le attività economiche che l'uomo svolge con il suo lavoro in tre grandi settori.

> Il **settore primario** comprende quelle attività in cui vengono utilizzate risorse dell'ambiente naturale e quindi producono **materie prime**.

> Il **settore secondario** si occupa della trasformazione delle materie prime e le trasforma in **beni di consumo** come cibo, abbigliamento, macchine…

> Il **settore terziario** non produce beni, ma fornisce **servizi**. Di esso fanno parte i commerci, i trasporti, le professioni, ecc.

• Settore primario

• Settore secondario

• Settore terziario

L'Italia tra i primi otto paesi industrializzati del mondo

L'Italia ha avuto un grande sviluppo economico e oggi fa parte degli otto Paesi più industrializzati del mondo.
Il **reddito pro capite** degli Italiani, cioè la ricchezza media posseduta, è sensibilmente aumentato e questo ha permesso a tutti i cittadini **un tenore di vita migliore**.
Quasi tutte le famiglie possiedono la casa in cui abitano, una o più automobili, dispongono di elettrodomestici, utilizzano servizi come telefono, televisore, computer, impianti hi-fi.
Insieme al benessere economico, anche la **qualità della vita**, cioè la possibilità di curarsi, di istruirsi, di praticare uno sport, di svolgere lavori piacevoli e attività ricreative, è abbastanza elevata. E' chiaro che come esiste una fascia di cittadini che dispone di redditi elevati, non mancano anche fasce di **poveri**, di **disoccupati**, oggi anche di **immigrati** che vivono in condizioni precarie.

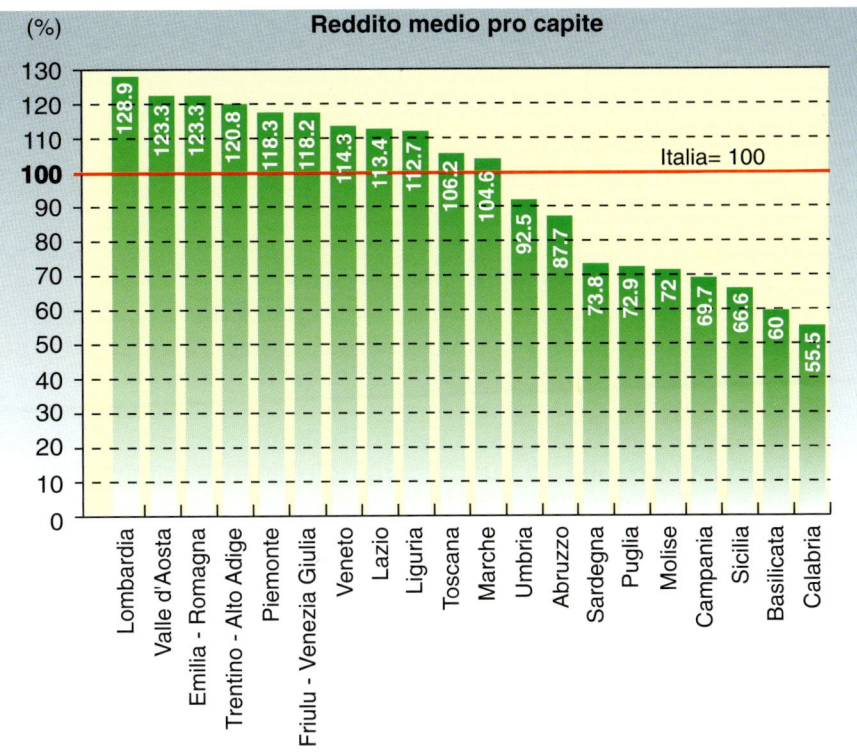

Reddito medio pro capite

Regione	%
Lombardia	128.9
Valle d'Aosta	123.3
Emilia - Romagna	123.3
Trentino - Alto Adige	120.8
Piemonte	118.3
Friuli - Venezia Giulia	118.2
Veneto	114.3
Lazio	113.4
Liguria	112.7
Toscana	106.2
Marche	104.6
Umbria	92.5
Abruzzo	87.7
Sardegna	73.8
Puglia	72.9
Molise	72
Campania	69.7
Sicilia	66.6
Basilicata	60
Calabria	55.5

Italia= 100

• Manifestazione di operai

Difesa del lavoro e diritto di sciopero

Il mondo del lavoro è regolato e protetto dai **contratti di lavoro**, cioè da regole fissate tra organizzazioni sindacali e datori di lavoro.
Il lavoratore che perde il lavoro, non perde automaticamente anche il salario. Per un certo periodo di tempo continua a ricevere una retribuzione ridotta da un ente speciale. Si dice che l'operaio va in cassa integrazione.
Lo sciopero è considerato un mezzo per difendere il posto di lavoro o per ottenere un salario più adeguato al costo della vita.

La pensione

Attualmente, superati 65 anni di età per gli uomini e 60 per le donne o comunque un certo numero di anni di lavoro, il lavoratore può andare in pensione, cioè smette di lavorare continuando a ricevere uno stipendio mensile per tutta la vita.
La pensione è possibile grazie al fatto che ogni lavoratore, ogni mese, per tutta la durata del periodo lavorativo, versa una parte del suo salario in una cassa speciale. Questa cassa, che si chiama Previdenza Sociale, assicura al lavoratore la pensione per tutta la durata della vita.

A L'Italia di oggi

La popolazione e il lavoro

Le persone si dividono in due categorie: quella della **popolazione attiva** e quella della popolazione **non attiva**.
Della prima, la popolazione attiva, fanno parte tutte quelle persone al di sopra dei 14 anni e al di sotto dell'età della pensione che svolgono un lavoro regolare, cioè pagato, coloro che hanno perso un lavoro, i disoccupati e i giovani in cerca di occupazione.
In Italia secondo l'ultimo Censimento risultano "forza lavoro" circa 23 milioni di persone. Di queste però solo circa 20 milioni svolgono un lavoro retribuito (**40%** della popolazione totale).
La parte di popolazione non attiva comprende gli **anziani con più di 65 anni**, gli **studenti**, le **casalinghe**. Circa 34 milioni di persone (**60%** della popolazione nazionale).

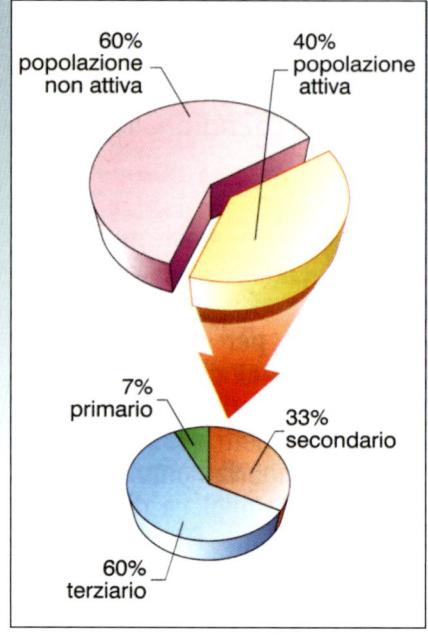
• Popolazione attiva e non

IL LAVORO FEMMINILE

La condizione del lavoro della donna è molto differente rispetto al passato.
La donna oggi è presente in ogni settore di lavoro e di occupazione. E' superata la vecchia idea di 'donna di casa'.
Una donna su tre opera nei settori più svariati, da quello dell'industria a quello dei servizi, a quello politico.
Nello stesso tempo il livello di istruzione ha superato quello maschile. Le donne laureate sono più del 50%. Tutto questo grazie anche a cambiamenti culturali e a leggi speciali che rivendicano **pari opportunità** di lavoro a tutto il mondo femminile.

• Donne al lavoro

• Donne in fabbrica

• Studenti

Il divario fra Nord e Sud

Problemi di ieri... e di oggi...

Ancora oggi le differenze fra Nord e Sud d'Italia si fanno sentire sia per quanto riguarda la ricchezza pro capite che per qualità di vita.
Esiste in Italia una grande disparità fra aree economicamente forti localizzate soprattutto nel nord e aree economicamente deboli concentrate nel centro-sud e nelle isole.

Uno dei problemi più preoccupanti del Sud è infatti la disoccupazione. Qui le imprese, le industrie sono poche e i lavoratori senza lavoro sono veramente molti. Soprattutto i giovani, quando va bene, possono trovare lavori precari, cioè temporanei e di solito non adeguati alla loro preparazione professionale. Si crea così l'altro problema della **sottoccupazione** o peggio del **lavoro nero** (lavoro non adeguatamente retribuito al fine di evadere le tasse e i contributi). Si tratta di una forma di lavoro naturalmente proibito dalla legge, ma purtroppo, specie nel settore artigianale e nelle campagne, ancora abbastanza diffuso.
Al Nord invece i giovani hanno maggiori possibilità di lavoro e in certi casi le industrie hanno difficoltà a trovare sufficiente personale qualificato.

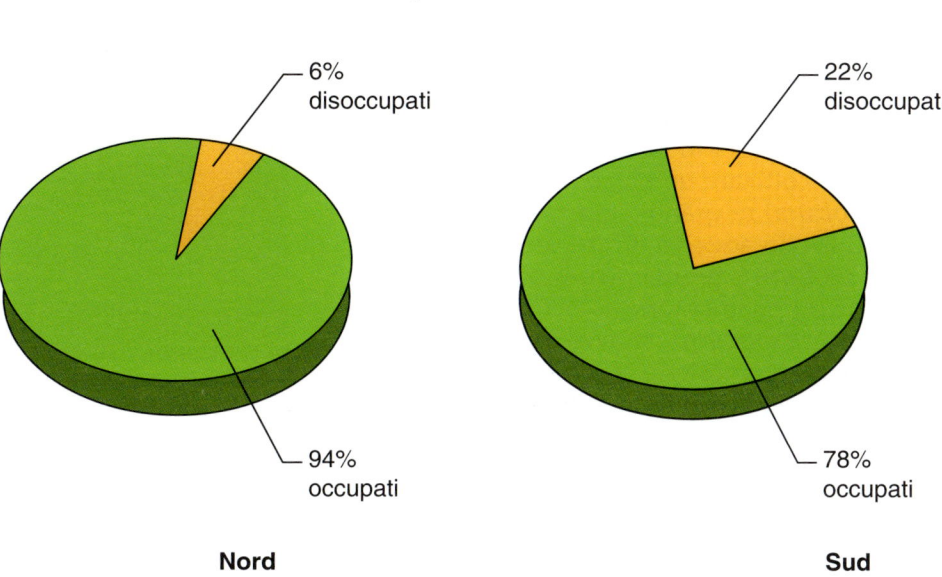

La disoccupazione al Nord e al Sud

Nord — 6% disoccupati, 94% occupati
Sud — 22% disoccupati, 78% occupati

La partecipazione dello Stato

Lo Stato Italiano partecipa allo sviluppo economico, sia per le industrie che per i servizi.
Tra i principali servizi risultano di responsabilità dello Stato e delle Regioni le scuole, la sanità, alcuni trasporti come le ferrovie, alcune reti televisive, ecc...
Il personale dipendente dallo Stato è di circa 3,5 milioni di persone.
Per gestire tutti questi **servizi pubblici** e per pagare gli stipendi dei dipendenti lo Stato ha bisogno di molto denaro che riesce ad ottenere facendo pagare le **imposte**, le tasse. Secondo la Costituzione Italiana tutti i cittadini, a seconda del loro reddito sono tenuti a versare le tasse.
In questi ultimi anni, molti servizi sono risultati allo Stato troppo costosi e spesso non sempre adeguati. Per questo molti di questi servizi sono stati affidati a società private.
Ecco che si parla di privatizzazione.

A L'Italia di oggi

Il settore primario

• L'agricoltura ieri

Il **SETTORE PRIMARIO** comprende: **agricoltura, allevamento, pesca** e foreste.
Questo settore è molto sviluppato e modernizzato, ma contribuisce solo in minima parte alla ricchezza economica italiana. La forza lavoro impiegata in questo settore è solo il 7%.
La conformazione del territorio italiano con poche pianure permette un'agricoltura abbastanza diffusa ma con superfici poco estese e poco sfruttabili.

L'agricoltura

Oggi l'agricoltura in Italia è di tipo **specializzato**. Si tende a coltivare un unico prodotto *(monocoltura)* su grandi appezzamenti di terra.
La produzione agricola infatti vende soprattutto i propri prodotti a grandi distribuzioni e alle industrie agroalimentari.
L'agricoltura moderna si avvale di impianti **meccanicizzati**, di **colture specialiste** e **selezionate**, di concimi chimici, di antiparassitari e impianti di irrigazione che ne aumentano la produzione.

• Oggi. L'agricoltura meccanizzata: mietitrebbia

FORME DI CONDUZIONE AGRICOLA

La maggior parte delle aziende agricole viene gestita direttamente dai proprietari, cioè ha una **conduzione diretta**. Il **coltivatore diretto** lavora le terre con i propri familiari. Spesso non avendo grandi appezzamenti di proprietà prende in affitto altri terreni da coloro che, pur avendo terreni, si dedicano ad altre attività.
Soprattutto nella zona della Pianura Padana, le aziende vengono gestite quasi sempre dalle **industrie** che assumono a loro volta operai agricoli.
Molto diffuse, specie in Emilia Romagna e in Veneto sono anche le **cooperative**. Forme societarie in cui non esiste un unico proprietario dell'azienda, ma piccoli proprietari che insieme ripartiscono spese e guadagni.

• Disinfestazione

• Coltivazione di granoturco

• Campi di grano maturo

• La raccolta del riso

I CEREALI

Una delle colture più diffuse sono i **cereali** tra i quali il **frumento**. Il **grano tenero**, che è coltivato in Italia Settentrionale viene utilizzato per fare il pane e il **grano duro** che invece ha bisogno di climi più aridi, quindi è coltivato nell'Italia Meridionale, viene usato per la preparazione della pasta.
Il **mais** o **granoturco** originario dell'America Centrale è molto diffuso ed è la produzione di cereale più abbondante in Italia. Viene coltivato specialmente al Nord in quanto per crescere ha bisogno di piogge abbondanti. Questo cereale viene usato in cucina come farina da polenta, per la preparazione di mangimi, per l'alimentazione degli animali o per la produzione di olio.
Viene prodotto abbondantemente anche l'**orzo**, segue il **riso** che viene coltivato nella Pianura Padana in zone preparate (**risaie**) tra la Lombardia e il Piemonte. Questa coltivazione ha bisogno di tanta acqua che viene immessa attraverso una serie di canali.
In misura molto ridotta vengono coltivati la **segale** e l'**avena** utilizzate quasi esclusivamente per l'alimentazione animale.

• Tipico orto mediterraneo

Le colture di ortaggi

Molti sono gli ortaggi coltivati in Italia. In questo settore la produzione interna permette una discreta esportazione.
La principale coltura è quella del pomodoro che viene fatta particolarmente in Campania e in Puglia; seguono patate, carciofi, cavolfiori, finocchi, zucchine, insalata, piselli, fagioli e legumi in genere.
Queste coltivazioni vengono fatte sia in campo aperto, quando il clima è favorevole, che in serra. Gli ortaggi, in genere, vengono consumati freschi, alla raccolta. Ma oggi esistono tecniche di conservazione, come la surgelazione e l'inscatolamento che permettono, attraverso mezzi di trasporto come camion frigorifero, di distribuire questi prodotti in tutta la Penisola e per l'intera durata dell'anno.

• Pomodori

• Insalata

• Melanzane

• Peperoni

L'ALLEVAMENTO

Oggi è quasi scomparso del tutto l'allevamento domestico di mucche, maiali, capre, galline. A questo si è sostituito l'**allevamento industriale**. In molte regioni sono sorte stalle con migliaia di capi di **bovini** e **suini**, specie al Nord dove è possibile coltivare foraggio e produrre mangimi.
Al Sud è diffuso soprattutto l'allevamento di **ovini** e **caprini**.
Importante è anche l'allevamento di polli per la produzione sia di carne che di uova.

• Produzione di mortadella

• Pascoli montani

• Produzione di formaggio nelle malghe di montagna

• Gregge nella campagna sarda

• Produzione di formaggio pecorino

LA PESCA

La pesca non è tra le attività maggiormente sviluppate a causa della quantità e della qualità dei nostri mari.
I mari italiani, specie l'Adriatico, sono ricchi di pesce azzurro (sardine, sgombri, acciughe) che viene utilizzato per la produzione di mangimi, anche se il suo consumo alimentare sta oggi aumentando.
Tra le specie più pregiate ricordiamo il pescespada, sempre più raro a causa di una pesca troppo diffusa.
Importante in questo settore è l'allevamento del pesce (acquicoltura) come trote, branzini, orate e crostacei.

• Allevamento di suini

• Pesca di pesce azzurro

• Allevamento di polli

• Lavorazione del corallo

La coltivazione dei fiori

Una produzione molto importante è anche la coltivazione dei fiori che viene praticata sia all'aperto che in serra. Le regioni dove si producono questo tipo di fiori sono in particolare la Liguria *(Sanremo)*, la Toscana e la Campania. Molti vivai si trovano anche in Lombardia e in Veneto.

LE COLTURE ARBOREE

Appartengono a questo tipo di colture piante con il fusto legnoso come la vite, l'olivo, i frutteti.
L'Italia è seconda alla Francia per quantità di produzione di vino. Il vino italiano ha raggiunto una grande qualità famosa in tutto il mondo, soprattutto per quanto riguarda i vini rossi del Piemonte e della Toscana. Nel Sud è molto importante la produzione di uva da tavola che viene anche esportata.
Molto varia anche la produzione di frutta, specie agrumi nell'Italia Meridionale e mele, pere nell'Italia settentrionale.
L'olivo è una pianta tipica di tutto il Mediterraneo. Le olive vengono impiegate soprattutto per la produzione di olio d'oliva di cui l'Italia è il primo produttore.

• Coltivazione dei fiori in serra

• Vigneti

• Raccolta delle arance

• Pere

• Olive

• Terrazzamenti di ulivi

• Una vecchia fabbrica

Il settore secondario

L'industria

• Computer

• Operai all'uscita di una fabbrica

IERI E OGGI...

L'industria in Italia si è sviluppata in un arco di tempo abbastanza breve, circa un secolo.
Prime fra tutte sono nate le industrie tessili, poi quelle siderurgiche, infine quelle meccaniche.
Per favorire la nascita delle industrie sono importanti capitali, materie prime, fonti energetiche e non per ultimo, strade, ferrovie, porti per il commercio.
Queste condizioni un tempo si trovavano soprattutto nell'Italia Nord-Occidentale. Qui era presente anche una classe borghese in grado di sostenere, con i propri capitali, le banche che, a loro volta, potevano finanziare la costruzione di fabbriche.
Nel Dopoguerra, grazie anche alla partecipazione dello Stato, si ha un incremento straordinario e rapido tanto che si parla di **miracolo economico** italiano.
In seguito, verso gli Anni Settanta, a causa di diversi fattori quali l'aumento del prezzo del petrolio e delle materie prime, il maggiore costo del lavoro, l'invecchiamento delle strutture, l'industria soffre una grave crisi.
Oggi grazie anche all'**automazione** le industrie sono ristrutturate e riorganizzate e la crisi è del tutto superata o, comunque, vive i problemi tipici di questo settore. Molte industrie si sono privatizzate, altre sono ristrutturate, mentre molte lavorazioni si sono trasferite all'estero.

L'INDUSTRIA MODERNA

L'introduzione delle **macchine** ha fatto diminuire il numero degli addetti nel settore dell'industria. In questo modo è diminuito anche il costo del lavoro e delle merci.
La situazione dei lavoratori è molto migliorata sia in termini di salario che di condizioni di vita.
Le dimensioni delle fabbriche sono cambiate. Al posto dei grandi stabilimenti sono sorte piccole e medie industrie dotate di macchinari e tecnologie molto avanzate.
E' avvenuta così una **specializzazione delle produzioni** allo scopo di produrre maggiori quantità, alta qualità e a costi più bassi. Nel settore automobilistico, ad esempio, nessuna industria produce un'intera auto, ma ogni tipo di pezzo *(sedili, bulloni, paraurti, ecc...)* viene affidato ad una fabbrica specializzata.
Specie in questo settore, come in quello dell'abbigliamento, molto lavoro si è trasferito in Paesi esteri dove la mano d'opera è a basso costo.

LE INDUSTRIE ITALIANE E I LORO PRODOTTI

Oggi l'Italia nel sistema economico mondiale, come abbiamo detto, si colloca ai primi posti.
Essa tuttavia è povera di materie prime e quindi può avere solo un'**industria di trasformazione**.
Infatti, l'Italia importa le materie prime, grazie anche alla facilità dei trasporti e le trasforma in prodotti finiti che in parte servono al mercato interno ed in parte vengono esportati.
I prodotti che il nostro Paese produce sono molto diversificati e di buona qualità.

VARI TIPI DI INDUSTRIA

* **Industrie di base:** sono le industrie **estrattive** e quelle **energetiche**.
Le estrattive estraggono dal sottosuolo e dall'acqua i minerali *(carbone, petrolio, ferro, rame, zinco, ghiaia, sabbia...)* e si sviluppano solo nelle località dove sono presenti queste materie prime.
Le energetiche producono e distribuiscono energia ad altre industrie e ai privati utilizzando principalmente petrolio, gas e fonti idriche e eoliche. Sono in via di sviluppo centrali con fonti energetiche alternative o rinnovabili.

• Pozzo di estrazione

• Centrale idroelettrica

• Paesaggio industriale

• Fiat

* Industrie pesanti
Queste producono manufatti che servono ad altre industrie.
Appartengono a questo gruppo
- l'**industria siderurgica** che produce **laminati di acciaio e tubi**
- l'**industria meccanica** che produce **macchinari e oggetti in metallo**.
  È l'industria con più addetti e quantità di prodotti
- l'**industria chimica** che fornisce materie **plastiche, prodotti farmaceutici, coloranti, concimi, fertilizzanti**.

Gli impianti dell'industria siderurgica, chimica e petrolifera sono di solito di grandi dimensioni e sono spesso localizzati nei pressi di porti industriali.
Molto importanti per l'economia italiana sono i prodotti dell'industria meccanica: auto, camion, motocicli, trattori, aerei, ecc...

Altrettanto importante è il settore dell'industria **cantieristica** dove vengono prodotti navi, traghetti, sia da turismo che militari.

Di grande qualità sono anche i prodotti **elettrodomestici**.
Invece tutta la produzione **elettronica di consumo** come televisori, computer, telefonia, ecc. si è ridotta a causa della concorrenza dei prodotti stranieri.

• Auto

• Industrie siderurgiche, Terni

• Reparto fusioni Fiat

• Elettrodomestici

benvenuti **in Italia** - VOLUME 2

A L'Italia di oggi

• Industrie tessili

• Abiti: sfilate

Molto sviluppato e di grande qualità è il settore delle **industrie tessili**, dell'**abbigliamento**, delle **calzature**. Già dalla metà dell'Ottocento famosi erano i setifici di Como, le lane di Biella, della Brianza, di Vicenza.
Oggi molto importanti sono le industrie tessili della zona di Prato, in Toscana.
I prodotti della moda con marchio italiano sono famosi in tutto il mondo e possiamo trovare negozi dei maggiori stilisti sparsi in ogni città del globo.

L'artigianato

Erede di una grande tradizione come quella greca, romana, etrusca il popolo italiano ha sempre prodotto utensili, materiali, manufatti di alta qualità.
Nel Medioevo (1200-1300), fioriscono numerose **botteghe artigianali** dove, accanto ad un maestro-artista, lavorano tanti assistenti.
Nell'Ottocento con l'inizio della rivoluzione industriale, le richieste del mercato aumentano, si cerca oltre la qualità anche la quantità dei prodotti.
Nascono nuovi mestieri e nuovi artigiani sempre più specializzati come l'idraulico, l'elettricista, il meccanico, gente cioè che lavora in proprio.
Scompaiono vecchie botteghe artigianali, che vengono assorbite dall'industria.

• Lavorazione delle ceramiche

Oggi si parla di **artigianato moderno** che in Italia è tornato abbastanza fiorente in quanto occupa circa tre milioni di lavoratori. Si può definire laboratorio artigianale quell'azienda, specie a carattere familiare, dove lavorano da 5 a 15 dipendenti.
Questo tipo di attività è molto diffuso soprattutto nell'Italia Centrale, Toscana, Umbria, Marche.
Famose le ceramiche di Deruta e Gubbio, i gioielli ad Arezzo e a Firenze e tutto il settore dei prodotti tipici alimentari. Un settore tra artigianato, arte ed industria è quello della moda che come abbiamo già detto, è un settore di qualità riconosciuta in tutto il mondo e che produce di tutto, dagli abiti alle calzature, ai profumi e ai vari accessori per la casa.

Nord e Sud: uno sviluppo diverso

Esistono notevoli differenze tra il Nord, il cosiddetto triangolo industriale, che comprende Piemonte, parte della Liguria, Lombardia, Veneto e parte dell'Emilia Romagna, dove sono concentrate le maggiori industrie italiane di quasi tutti i settori, un Centro dove sono diffuse fabbriche medio-piccole e laboratori artigianali e un Sud dove si trova solo qualche grande industria per lo più costruita e gestita dallo Stato.
I governi italiani hanno promosso leggi e provvedimenti per dare aiuti finanziari e per promuovere le industrie nel Meridione, ma sono ancora vaste e numerose le aree prive di fabbriche.

I Distretti Industriali

Innumerevoli piccole e medie industrie altamente specializzate e che operano nello stesso settore, si trovano spesso localizzate nelle stesse zone.
Vengono a formarsi in questo modo dei **distretti industriali** caratterizzati per la produzione di particolari prodotti, come i **mobili**, la **carta**, le **scarpe**, l'**oro**, ecc...
In Italia, sebbene i maggiori distretti rimangano al Nord-Est, molti altri sono diffusi anche nel Centro-Sud come si può vedere dalla cartina

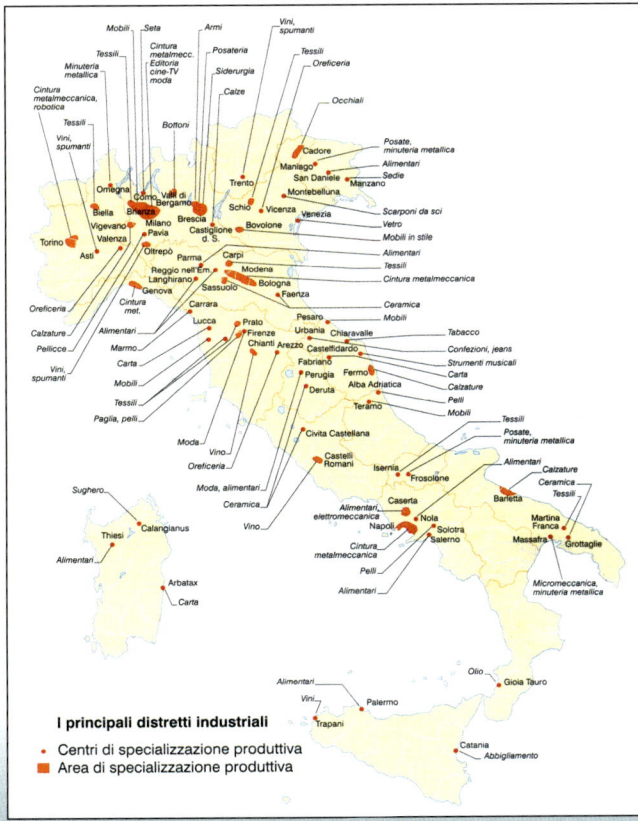

• mobili

• scarpe

• oro

Cosa importiamo e cosa esportiamo (dati 1983) in miliardi di lire			
GRUPPI DI MERCI	IMP	EXP	SALDI
prodotti destinati all'alimentazione	15935	7220	-8715
- bestiame e carne	5284	423	-4861
- ortofrutticoli e derivati	965	3243	+2278
combustibili minerali e derivati	34300	6259	-28041
- oli greggi di petrolio	24143	81	-24062
- distillati di petrolio	8204	5813	-2391
prodotti tessili e dell'abbigliamento (tessuti - maglierie - calzature)	5051	18830	+13779
prodotti metallurgici	9212	9172	-40
- ghisa, ferro e acciaio	2907	3513	+606
prodotti meccanici	14582	29039	+14457
- macchine e apparecchi	8358	19722	+14457
mezzi di trasporto	9072	12032	+2960
- autoveicoli	5129	3949	-1180
prodotti chimici	12313	8456	-3857
- materie plastiche e resine sintetiche	2698	2199	-499

A L'Italia di oggi

"E su tutto, su questo panorama fin dove era visibile nel buio, un'enorme ombra rossa proiettava il bagliore immenso, mai spento, dei forni e dei camini industriali. E' orrido e affascinante".

G.Bettini, *Qualcosa che brucia*, Baldini e Castoldi

• Petrolchimico a Mestre

UN PAESAGGIO FORTEMENTE MODIFICATO

Le industrie con i loro **capannoni**, le **fabbriche**, le **ciminiere**, il cemento hanno modificato gran parte del territorio italiano portando, molto spesso, **inquinamento**, smog, problemi di **viabilità** e difficoltà di trasporti.
Specie al Nord ed in particolare nella Regione Veneto i milioni di metri cubi di capannoni, la straordinaria **accelerazione** delle trasformazioni, rischiano di far perdere l'identità storica del luogo e creano problemi di **sostenibilità** ambientale.

Le campagne vengono via via assorbite sempre più dalle aree produttive. Case, villette, capannoni, magazzini, si mangiano campi e terreni coltivati.
Alcune Regioni, come appunto il Veneto, stanno correndo ai ripari affinché si mantengano e vengano **recuperati** quegli elementi del paesaggio che fanno dell'Italia uno dei Paesi più belli al mondo.
In alcune parti della Penisola ci sono progetti di recupero del paesaggio là dove sorgevano **impianti** industriali ora abbandonati.

• Il Veneto e le sue fabbriche

benvenuti in Italia - VOLUME 2

Il terziario in Italia

I SERVIZI
IL TURISMO
I TARSPORTI

Prodotto interno lordo

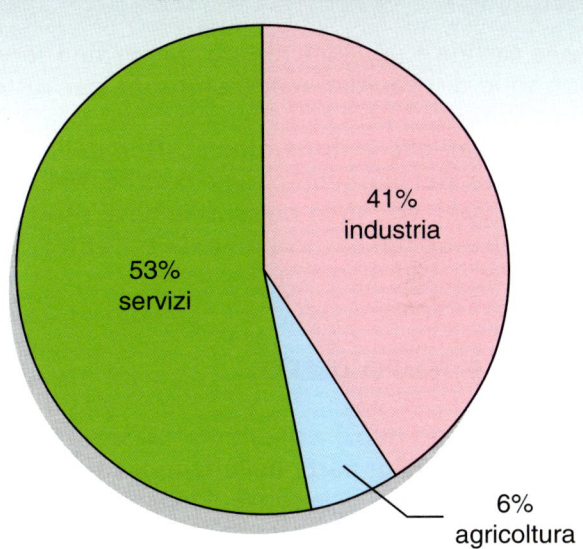

1964: 727 798 miliardi
- 41% industria
- 53% servizi
- 6% agricoltura

IL SETTORE TERZIARIO PRODUCE SERVIZI

Questo settore è molto sviluppato anche per numero di addetti in quanto occupa da solo **la maggioranza della popolazione attiva**. Esso **fornisce servizi** alle altre componenti del mondo del lavoro (agricoltura e industria) e a tutta la società.
Il **terziario** costituisce sicuramente il principale strumento di sviluppo di un Paese perché, attraverso l'analisi dei **servizi** privati e pubblici possiamo capire e valutare non solo la ricchezza, vita sociale e culturale di un popolo.

TIPI DI SERVIZI

Tre aspetti riguardano il settore dei servizi
- **Servizi ai privati**, cioè alle **famiglie** (commercio al dettaglio, ristorazione, tempo libero), professioni artigianali come idraulici, elettricisti, ecc.
- **Servizi al pubblico**, cioè alla collettività e che soddisfano bisogni fondamentali quali: l'istruzione, la sanità, i trasporti pubblici, i servizi dello spettacolo e quelli culturali.
- **Servizi alle imprese**, cioè alle attività di pulizia e manutenzione a trasporti delle merci, alle banche, alle assicurazioni.

Esiste in Italia anche un **settore terziario avanzato** che utilizza sistemi informatici, computer e tecnologie moderne.

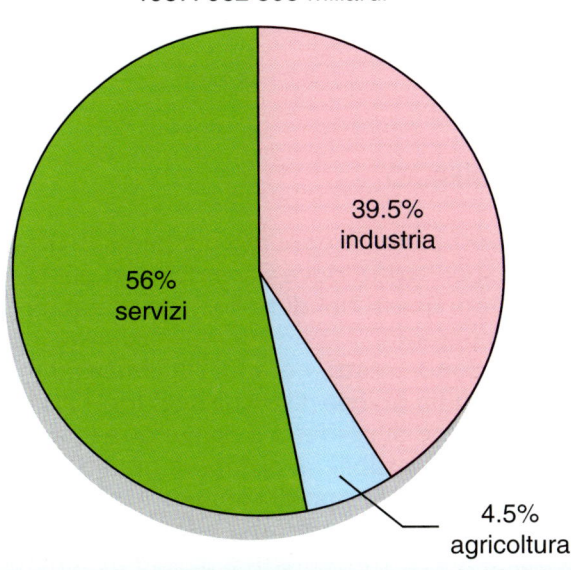

1987: 982 595 miliardi
- 39.5% industria
- 56% servizi
- 4.5% agricoltura

A L'Italia di oggi

le attività terziarie

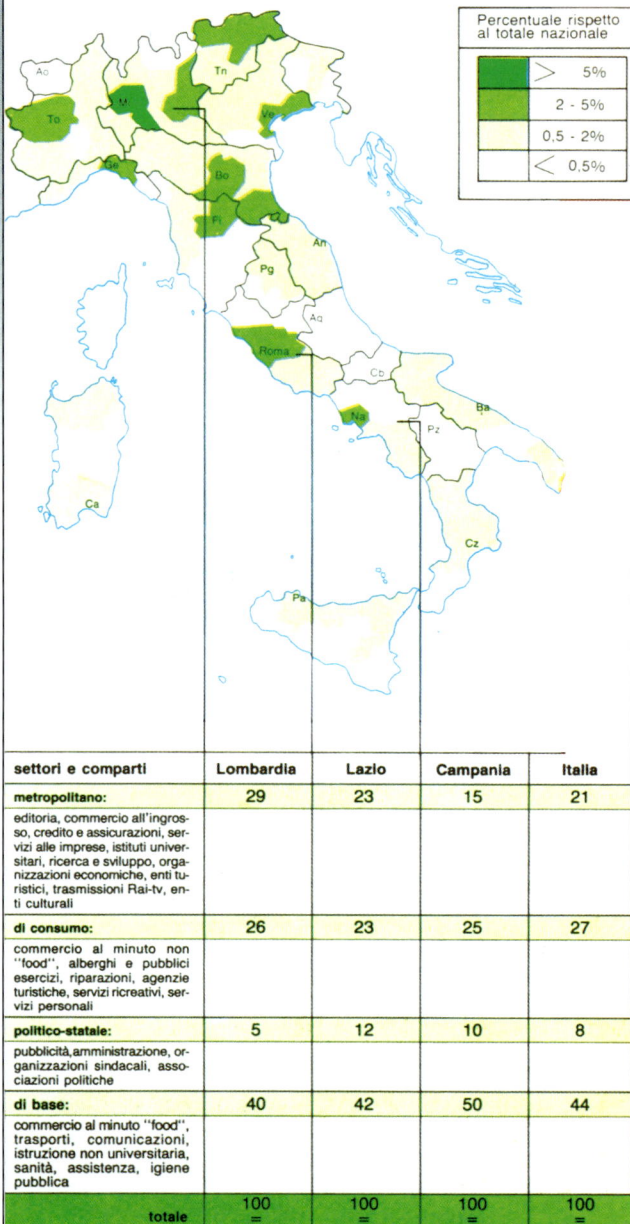

Distribuzione dei servizi nel territorio

Dalla cartina è possibile notare che anche i servizi non sono distribuiti in modo uniforme per tutto il territorio.
Quelli legati alle imprese, tipo i settori della pubblicità, del marketing, delle banche, delle assicurazioni, ecc. sono presenti là dove sono le industrie e quindi particolarmente al Centro-Nord.

Servizi e tempo libero

Sono necessari nuovi e più numerosi servizi perché la maggior parte delle famiglie trascorre periodi più lunghi di vacanze, fa viaggi, si sposta per i fine settimana, va regolarmente al cinema e a manifestazioni culturali e sportive.
Questo è reso possibile grazie ad una maggiore disponibilità di tempo libero. Le ore e le giornate lavorative si riducono, le esigenze delle famiglie aumentano. Ai servizi è dato il compito di soddisfare queste richieste.

settori e comparti	Lombardia	Lazio	Campania	Italia
metropolitano: editoria, commercio all'ingrosso, credito e assicurazioni, servizi alle imprese, istituti universitari, ricerca e sviluppo, organizzazioni economiche, enti turistici, trasmissioni Rai-tv, enti culturali	29	23	15	21
di consumo: commercio al minuto non "food", alberghi e pubblici esercizi, riparazioni, agenzie turistiche, servizi ricreativi, servizi personali	26	23	25	27
politico-statale: pubblicità, amministrazione, organizzazioni sindacali, associazioni politiche	5	12	10	8
di base: commercio al minuto "food", trasporti, comunicazioni, istruzione non universitaria, sanità, assistenza, igiene pubblica	40	42	50	44
totale occupati 1983	100 = 1.600.000	100 = 995.000	100 = 685.000	100 = 9.364.000

Il commercio

Fino a pochi anni fa ogni piccolo paese o città aveva i suoi negozi dove si vendeva un po' di tutto. Oggi questi tipi di negozi vanno sempre più scomparendo.
Si diffondono, infatti, i grandi **supermercati** e **ipermercati** (la **grande distribuzione**) localizzati per lo più in zone di periferia o comunque in aree facilmente accessibili e dotate di grandi parcheggi. Questo tipo di commercio si è fortemente sviluppato grazie alla varietà della scelta, ai prezzi convenienti e al tipo di vendita self-service.

• **Negozio tipico**

• Ipermercato

I piccoli negozi (**piccola distribuzione**) stanno soffrendo di questa situazione perchè incapaci di offrire merci a prezzi altrettanto bassi.

Abbiamo parlato fino adesso di **commercio interno** che riguarda cioè esclusivamente il territorio italiano.
Per quanto riguarda il **commercio internazionale**, cioè lo scambio tra Paesi, l'Italia ha un ruolo importante sia a livello europeo che mondiale. Specialmente come Paese trasformatore. Si acquistano all'estero beni e materie prime che, prima si lavorano, si trasformano e poi si rivendono agli altri Paesi sotto forma di prodotti commerciali.

Il turismo

Un settore assolutamente importante per l'economia è senza dubbio il **turismo**.
E' considerato la principale "industria" del Paese.
Ai circa trenta milioni di italiani che ogni anno fanno le loro vacanze, si aggiungono gli stranieri, che, numerosi nel nostro Paese, sono attratti sia dal clima che dalle bellezze naturali e artistiche.
Abbiamo in Italia il **turismo balneare**, quello **alpino**, quello **termale**, quello **storico-artistico**.
Quest'ultimo è sicuramente l'aspetto che di più attira milioni di turisti. Il patrimonio artistico italiano è tra i maggiori del mondo. Ogni città, ogni piccolo borgo ha centri di interesse e musei che testimoniano la presenza di antiche civiltà.

• Sci

• Spiaggia

• Assisi

A L'Italia di oggi

Oltre all'arte, al paesaggio e al clima...

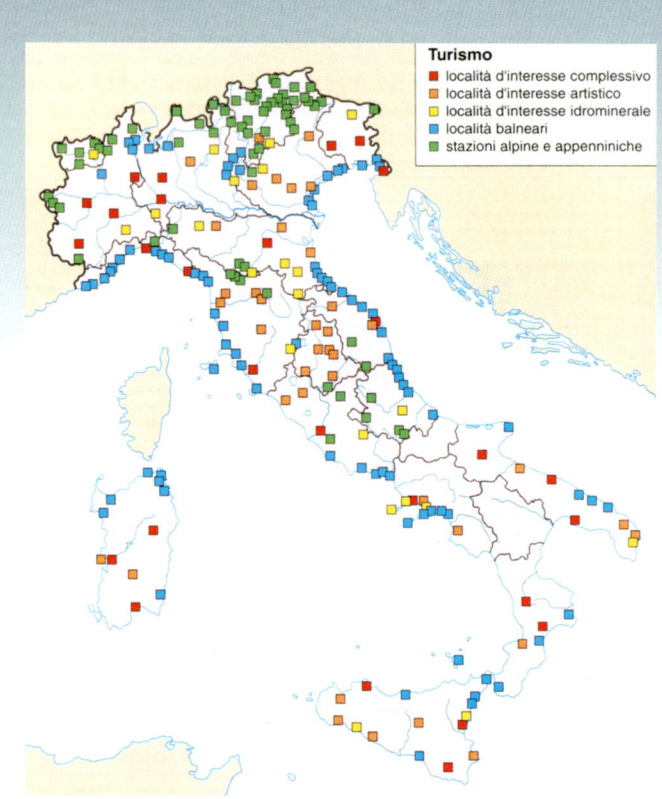

Turismo
- località d'interesse complessivo
- località d'interesse artistico
- località d'interesse idrominerale
- località balneari
- stazioni alpine e appenniniche

Non si possono dimenticare altre attrattive, quali la **cucina**, i vini tipici, le **tradizioni**, il folclore, la **produzione artigianale**, l'ospitalità della gente, le spiagge, le montagne, la musica, la moda, lo sport, la Ferrari, il cinema, e via, e via...
Il turista in Italia può trovare una straordinaria **varietà di offerta** e una diffusa **presenza di strutture** per ogni fascia di età: per famiglie, per giovani, per anziani con diverse possibilità di servizi e di alloggi. Si va dai campeggi, ai villaggi, agli agriturismi, alle pensioni più economiche o agli alberghi più lussuosi. La vicinanza con altri Paesi, una serie di efficienti e confortevoli servizi di treni ed aerei, una estesa rete autostradale rendono accessibile l'Italia da ogni parte d'Europa e del Mondo.

IL TURISMO E IL PAESAGGIO: UN RAPPORTO NON SEMPRE FACILE

Lungo le coste, il turismo di massa ha sicuramente consentito un grande sviluppo economico, ma nello stesso tempo ha provocato problemi di carattere ambientale, tra cui la **"cementificazione"** di coste e litorali. Numerosi ettari di bosco e macchia mediterranea sono stati sacrificati e talora paesaggi naturali e centri storici ne hanno risentito negativamente.

"LE STAGIONI" DEL TURISMO

Il turismo nel nostro Paese, si svolge principalmente in alcune "stagioni". Solitamente d'estate.
Quando la stagione "è alta" tutte le località sono prese d'assalto dai turisti. In questi periodi le strade sono strapiene mentre le grandi città si svuotano.
Viceversa, nei periodi di "bassa stagione", i centri turistici diventano deserti e i prezzi sono, allora, accessibilissimi.
La maggiore concentrazione di gente che va in vacanza si verifica nei mesi di luglio e agosto. Ma sempre più si sta spostando ad altri periodi dell'anno, per i prezzi e per le offerte "fuori stagione", decisamente più economiche, una parte di turismo sia italiano che straniero.
Le numerose città d'arte, le grandi mostre e gli eventi richiamano ormai, in tutti i periodi dell'anno, migliaia di visitatori.

• Cementificazione sulla costiera amalfitana

I trasporti e le vie di comunicazione

Per tutti i settori, da quello agricolo a quello industriale, per il commercio e per il turismo e quindi per il movimento di merci e di persone, è necessaria la presenza di **vie di comunicazione**, cioè strade, ferrovie, rotte aeree e marittime moderne ed efficienti.

Tutto questo insieme forma una **complessa rete** e costituisce il sistema delle infrastrutture più importanti di un paese.

L'Italia ha una diffusa ed efficace rete di vie di comunicazione (aerea, marittima e terrestre: le autostrade italiane hanno uno straordinario sviluppo chilometrico).

Le autostrade

• Antiche vie romane

Il trasporto **su strada** o meglio su **gomma**, è stato favorito dallo sviluppo dell'industria automobilistica. Progettazione, costruzione e ammodernamento della rete viaria è stata una preoccupazione costante.
La rete stradale ripercorre in larga parte il tracciato dell'antica rete stradale romana che teneva conto naturalmente della conformazione del territorio italiano.
Come possiamo vedere dalla cartina gli assi autostradali principali attraversano la Pianura Padana da Torino a Venezia, percorrono in senso verticale, da nord a sud la Penisola e collegano tra loro le coste tirreniche e adriatiche.
A questi assi principali si allaccia una fitta serie di strade statali e regionali per raggiungere città e centri importanti.

Problemi di traffico

Il traffico pesante di camion e container, divenuto sempre più intenso, è causa di numerosi problemi tra i quali l'inquinamento e i numerosi incidenti.
Oggi, per rendere più sicure le strade nel fine settimana, quando sono specialmente le famiglie che si spostano, tutti i mezzi pesanti (camion e tir) non possono viaggiare. Per tutti sono stati imposti severi limiti di velocità.
Molti sostengono l'urgenza di raddoppiare la rete autostradale. Al contrario gli ambientalisti sono convinti della necessità di trovare vie alternative alle attuali riducendo il trasporto su gomma e potenziando, semmai, le ferrovie.

• Autostrada

Le ferrovie

Anche le ferrovie italiane hanno seguito un tracciato secondo la conformazione della Penisola. Fino a pochi anni fa un po' trascurato, oggi questo settore è al centro dell'attenzione.
Sono stati ampliati gli scali ferroviari e rese più moderne e veloci le vetture.
Si sta sviluppando una rete di treni ad alta velocità.

• Un normale convoglio e l'ETR 500, uno dei treni ad alta velocità

Il trasporto aereo e marittimo

Il trasporto **marittimo** riveste una notevole importanza grazie alla vasta estensione delle coste e alla presenza di numerosi e importanti **porti**.
L'Italia, non ha grandi fiumi navigabili, quindi non ha un trasporto fluviale significativo.
Molte materie prime, che servono all'industria italiana, arrivano nei porti italiani attraverso navi specializzate come **petroliere, metaniere, carboniere, container**. Queste stesse navi ripartono, poi, con i prodotti destinati all'esportazione.
Grazie alla loro posizione alcuni porti italiani come **Genova, Trieste, Livorno, Napoli** sono divenuti oggi di importanza internazionale.

• Porto di Genova

I container delle merci scaricate dalle navi, vengono caricati sui camion o sui treni che li portano a destinazione. Per questo sono sorte nei pressi di porti o di aeroporti aree dotate di magazzini per le merci, uffici, alloggi, ristoranti, officine, banche.

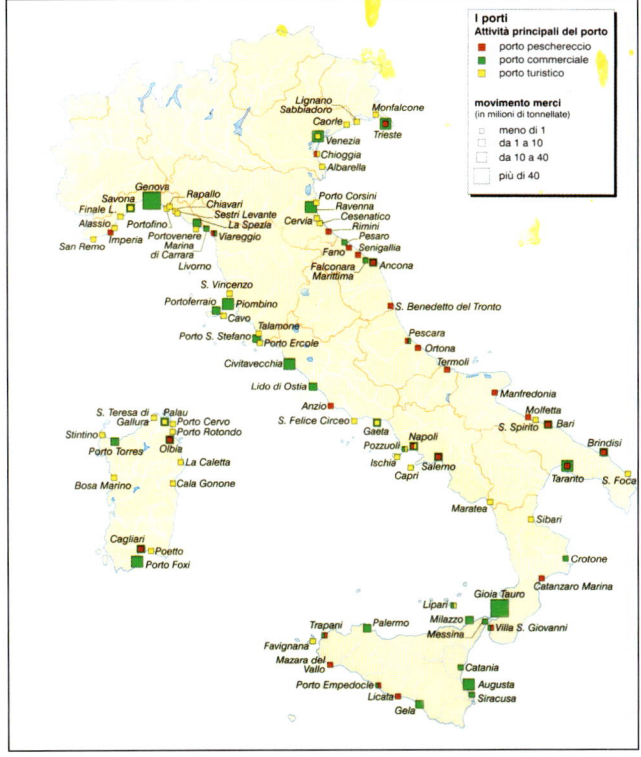

• Interporto di Livorno

Il trasporto marittimo dei passeggeri è costituito quasi esclusivamente da traghetti che collegano le isole e le maggiori città del Mediterraneo. I maggiori scali che svolgono anche questa funzione sono Genova, Venezia, Livorno, Civitavecchia, Napoli, Messina, Palermo, Brindisi, Bari.

A L'Italia di oggi

Gli **aeroporti** in Italia sono orami diffusi in tutte le città e garantiscono collegamenti con tutte le parti del mondo. Il traffico di passeggeri soprattutto stranieri è molto elevato e spesso nei periodi estivi anche gli scali aeroportuali risentono di alcune difficoltà. I principali aeroporti sono quello di Milano-Malpensa e quello di Roma-Fiumicino.
La maggiore compagnia aerea italiana è l'ALITALIA.

Telecomunicazioni

L'Italia anche in questo settore si pone all'avanguardia perché dispone di una fitta rete di telecomunicazioni.
Le principali sono costituite dalla **rete telefonica** e da quelle **radiotelevisive**.
Oggi grazie alla diffusione su larga scala dei **computer** e con l'**uso di Internet** è possibile dialogare e mantenere contatti con tutte le parti della Terra.

• Ripetitori

• Computer

Esercizio A (VEDI PAG. 142)

SCELTA MULTIPLA

I settori produttivi in Italia sono
- ☐ tre
- ☐ due
- ☐ cinque

Il settore primario riguarda
- ☐ l'agricoltura, la pesca, le colture
- ☐ il tempo libero
- ☐ la scuola e i servizi

Il settore secondario riguarda
- ☐ le attività sportive
- ☐ il commercio, l'industria, l'artigianato
- ☐ i beni artistici

Il settore terziario riguarda
- ☐ i servizi
- ☐ le fabbriche
- ☐ i beni di consumo

L'Italia fa parte
- ☐ degli 8 Paesi più industrializzati
- ☐ dei Paesi dell'Equatore
- ☐ dei Paesi dell'emisfero sud

Quasi tutte le famiglie italiane possiedono
- ☐ la casa in cui abitano
- ☐ molti figli
- ☐ la casa al mare

I contratti di lavoro difendono	☐ i lavoratori licenziati
	☐ le attività commerciali
	☐ i diritti dei lavoratori

Il fenomeno della disoccupazione in Italia interessa	☐ le donne
	☐ i giovani
	☐ gli stranieri

La pensione è	☐ un assegno mensile dato dopo una vita di lavoro
	☐ un assegno mensile dato dopo un licenziamento
	☐ un'assicurazione in caso di malattia

Esercizio B (VEDI PAG. 146)

VERO / FALSO

	VERO	FALSO
1. L'agricoltura italiana è di tipo specializzato	☐	☐
2. Le aziende agricole sono gestite direttamente dai proprietari	☐	☐
3. Sono coltivati grandi appezzamenti di terreno	☐	☐
4. Le cooperative agricole sono molto diffuse	☐	☐
5. Si coltiva e si produce grande quantità di grano	☐	☐
6. Si produce poco mais	☐	☐
7. Il riso viene coltivato soprattutto in Sicilia	☐	☐
8. La segale e l'avena sono utilizzate come cibo per gli animali	☐	☐
9. L'Italia esporta molto ortaggi	☐	☐
10. La coltura tra gli ortaggi più importante è quella del pomodoro	☐	☐

Esercizio C

METTI IN CORRISPONDENZA

Bovini	pianta
Ovini	bue, mucca
Caprini	pecora
Vivaio	capra
Pesce azzurro	sarde, sgombro
Vigna	arancio
Uliveto	vite
Aranceto	olivo
Agrumi	pecore, capre
Gregge	arance, limoni, pompelmi
Frutteto	albero da frutta

Esercizio D (VEDI PAG. 150)

RIMETTI LE PAROLE

LE COLTURE ARBOREE

Appartengono a questo tipo di colture piante con il .... legnoso come la vite, l'olivo, i frutteti.
L'Italia è seconda alla Francia per quantità di .... di vino. Il vino italiano ha raggiunto una grande qualità famosa in tutto il mondo, soprattutto per quanto riguarda i vini rossi del Piemonte e della Toscana. Nel Sud, è molto importante la produzione di uva da tavola che viene anche ....
Molto .... è anche la produzione .... di frutta, specie .... nell'Italia Meridionale e mele e pere nell'Italia ....
L'olivo è una pianta .... di tutto il mediterraneo. Le olive vengono .... soprattutto per la produzione di olio d'oliva di cui l'Italia è il primo produttore.

> IMPIEGATE - PRODUZIONE - FUSTO - TIPICA - AGRUMI - ESPORTATA - SETTENTRIONALE - VARIA

Esercizio E

DESCRIVI UNA FOTO DA TE SCELTA DEL PARAGRAFO "L'ALLEVAMENTO" DI PAG. 149

Esercizio F (VEDI PAG. 151)

RICOSTRUISCI LE FRASI

L'industria in Italia si sviluppa	tanto che si parla di miracolo economico
Nel Dopoguerra si ha un incremento rapido e straordinario	in un arco di tempo abbastanza breve, circa un secolo
Molte industrie si sono privatizzate, altre sono chiuse	infine quelle meccaniche
Prime fra tutte nascono le industrie tessili, poi quelle siderurgiche	e molte lavorazioni avvengono all'estero

Esercizio G (VEDI PAG. 152)

COMPLETA CON LE PREPOSIZIONI POI RISCRIVILE NELLA TABELLA

L'INDUSTRIA MODERNA
L'introduzione _____ macchine ha fatto diminuire il numero _____ addetti _____ settore dell'industria, così è diminuito anche il costo _____ lavoro e _____ merci.
La situazione _____ lavoratori è molto migliorata sia _____ termini _____ salario che _____ condizioni _____ vita.
Le dimensioni _____ fabbriche sono cambiate. _____ posto dei grandi stabilimenti sono sorte piccole e medie industrie dotate _____ macchinari e tecnologie molto avanzate.
E' avvenuta così una specializzazione _____ produzioni allo scopo _____ produrre maggiori quantità, alta qualità e _____ costi più bassi. _____ settore automobilistico, ad esempio, nessuna industria produce un'intera auto, ma ogni tipo _____ pezzo (sedili, bulloni, paraurti, ecc..) viene affidato _____ una fabbrica specializzata.
Specie _____ questo settore, come _____ quello dell'abbigliamento, molto lavoro si è trasferito _____ Paesi esteri dove la mano _____ 'opera è _____ basso costo.

PREPOSIZIONI SEMPLICI	PREPOSIZIONI ARTICOLATE
DI,	DELLE,

Esercizio H (VEDI PAG. 156)

COMPLETA CON LE PAROLE SOTTOINDICATE

UN PAESAGGIO FORTEMENTE MODIFICATO
Le industrie con i loro _____, le fabbriche, le _____, il cemento hanno modificato gran parte del territorio italiano causando molto spesso _____, smog,

INQUINAMENTO - VIABILITÀ - CAPANNONI - RECUPERATI - IMPIANTI - CIMINIERE - SOSTENIBILITÀ - ATTUATI - ACCELERAZIONE

A L'Italia di oggi

problemi di _____ e trasporti. Specie al Nord ed in particolare nella regione Veneto i milioni di metri cubi di capannoni, la straordinaria _____ delle trasformazioni rischiano di far perdere l'identità storica del luogo e creano problemi di _____ ambientale. Le campagne vengono via via assorbite sempre più dalle aree produttive: case, villette, capannoni, magazzini, campi si susseguono uno all'altro. Alcune Regioni come appunto il Veneto stanno correndo ai ripari affinché si mantengano e vengano _____ quegli elementi del paesaggio che fanno dell'Italia uno dei Paesi più belli al mondo. In alcune parti d'Italia sono stati _____ progetti di recupero del paesaggio là dove sorgevano _____ industriali ora dismessi.

Esercizio 1

TROVA PER OGNI TERNA LE PAROLE POSSIBILI

INDUSTRIA	ESTRATTIVA	produce	carbone petrolio ferro
INDUSTRIA	ENERGETICA	produce	con gas con _____ con _____
INDUSTRIA	SIDERURGICA	produce	_____ tubi _____
INDUSTRIA	MECCANICA	produce	_____ trattori motociclette
INDUSTRIA	CHIMICA	produce	prodotti farmaceutici _____ concimi
INDUSTRIA	TESSILE	produce	lana cotone _____
INDUSTRIA	DELL'ABBIGLIAMENTO	produce	vestiti cappelli _____
INDUSTRIA	DELLE CALZATURE	produce	stivali _____ _____

Esercizio L

SEGUENDO LA CARTINA D'ITALIA VAI DA PALERMO A MILANO E TRASCRIVI IL NOME DELLE CITTÀ PRINCIPALI CHE INCONTRI
Palermo, Messina, ...

Esercizio M

IMMAGINA DI NAVIGARE LUNGO LE COSTE ITALIANE PARTENDO DA TRIESTE PER ARRIVARE A GENOVA. QUALI SONO LE CITTÀ CHE INCONTRI? SCRIVI IL LORO NOME
Trieste, Venezia, ...

Esercizio N

CONSULTA IL SITO WWW.ALITALIA.IT E RICERCA INFORMAZIONI SUGLI AEROPORTI NAZIONALI ED INTERNAZIONALI

Esercizio O

RISPONDI

1. Quali sono le risorse principali del tuo Paese?
2. Nel territorio vicino a casa tua che tipo di economia osservi? Agricola, industriale o artigianale. Fa una descrizione sintetica
3. Quale attività svolgi tu e/o la tua famiglia?

Esercizio P

PER GIOCARE

Spezza le catene per ritrovare le parole

INQUINAMENTOINDUSTRIAFABBRICHE SIDERURGICHESETTORETERZIARIO

COMUNICAZIONESERVIZIPRODUTTIVOCOMMERCIOARTIGIANATOCONTRATTO

LAVOROCOLTUREORTAGGIALLEVAMENTOSVILUPPOIMPIANTITURISMO

A — L'Italia di oggi

benvenuti
IN ITALIA

Note di storia

A modulo

l'Italia di ieri
ROMA E L'IMPERO: LA VITA QUOTIDIANA

Verso l'impero

• Centurione

Vinti i suoi oppositori, Silla si fa proclamare dittatore a tempo indeterminato e fa uccidere più di 5000 uomini amici di Mario.
Pompeo, che succede a Silla, prosegue la sua opera e, per mantenere, il potere nel 60 a.C. stringe un'alleanza con **Crasso** e **Cesare**. E' il **primo triumvirato**, un patto stipulato tra tre persone per consolidare il potere di ciascuno.
Cesare ben presto si distingue come generale, riporta successi in battaglia, conquista la Gallia, (Francia). Presto si libera di Pompeo (Crasso nel frattempo era morto). E' proclamato **"imperator"** dalle sue truppe che lo amano e lo stimano. Si fa eleggere console unico, comanda come un re.
Per contrastarlo i senatori organizzano una congiura e alle **Idi** di Marzo del 44 a.C. lo fanno uccidere.

• Moneta con effigie di Cesare   • Medaglione di Augusto

Dopo scontri, disordini e tentativi di restaurare la Repubblica, **Ottaviano**, figlio adottivo di Cesare, rimane unico signore di Roma.
Ha inizio l'**età imperiale**. È il 30 a.C.

LA PAX AUGUSTEA

Dopo anni di guerre civili Roma ha un grande bisogno di tranquillità. Ottaviano capisce questo bisogno e riesce a dare a Roma ordine e pace. Infatti, pur assumendo tutte le cariche, riesce a non scontentare i senatori e i cavalieri nominandoli governatori delle province. Tiene buona la plebe con distribuzioni di grano e con spettacoli. Di fatto esercita un capillare controllo su tutto l'Impero. Aggiunge al proprio nome quello del padre Cesare e l'appellativo di **"Augusto"** *(colui che accresce, il divino)*. A Roma ristabilisce le tradizioni antiche e il culto religioso. Fa restaurare numerosi templi ed acquedotti. Fa costruire un nuovo foro.
Lo storico Svetonio così scrive: *"Augusto si vantava dicendo – Trovai una città fatta di mattoni seccati al sole e la lascio ricoperta di marmo"*.

• Il foro di Augusto

Augusto e la cultura

Augusto promuove la Cultura. Trovano il suo aiuto lo storico **Tito Livio**, il poeta **Orazio** e il grande **Virgilio**, che scrive un poema sulle origini e sulla grandezza di Roma: l'**Eneide**. Questi grandi uomini, che sono ritenuti i "classici" della cultura latina e quindi anche della cultura italiana, sono presentati e fatti conoscere all'imperatore da Mecenate. **Mecenate** è amico e consigliere di Augusto. Gli intellettuali chiamati a corte da Mecenate avevano modo di vivere dignitosamente. Da allora si dice ancora oggi **"è un Mecenate"** un uomo che protegge gli intellettuali e gli artisti. E mecenatismo la sua opera.

• Ricostruzione dell'Ara Pacis, l'altare della pace, in ricordo della fine delle guerre civili

Gli imperatori

Augusto muore nel 14 d.C. I fedelissimi lo fanno proclamare "divus" cioè divino.
Gli succede il figlio Tiberio, designato da Augusto stesso. Il Senato non si può opporre alla volontà di una divinità e accetta Tiberio. Inizia la dinastia dei **Giulio-Claudi** che prosegue con **Caligola**, **Claudio** e **Nerone**. Quest'ultimo è ricordato dai posteri per aver procurato l'incendio di Roma nel 64. L'accusa è forse infondata. Ma Nerone, per allontanare i sospetti, dà la colpa ai cristiani. E per questo scatena, contro di loro, come responsabili dell'incendio, una dura persecuzione. Alla morte di Nerone nel 68 diventa imperatore **Flavio Vespasiano**. Sotto il suo Impero scoppia la rivolta degli Ebrei. Il figlio **Tito** li sottomette e distrugge il tempio di Gerusalemme.

• Arco di Vespasiano

• Fregio arco di Tito

A L'Italia di ieri

Domiziano, Nerva e **Traiano** succedono a Tito. Di quest'ultimo è visibile a Roma, la bella colonna, tutta a bassorilievi dove è narrata la sua vittoria sui Daci.

Ogni imperatore vuole lasciare, ai posteri, un ricordo visibile di sé. **Adriano**, il successore di Traiano, fa costruire una grande muraglia in Inghilterra lunga 120 km. che separa l'Inghilterra romana da quella indigena. E' il famoso Vallo di Adriano. Dopo Adriano ci sono **Antonino Pio** e **Marco Aurelio,** l'imperatore filosofo.

• Colonna Traiana

La crisi dell'impero

Marco Aurelio muore di peste. Questa epidemia si diffonde nell'impero e la popolazione viene dimezzata. Manca tutto, le campagne sono distrutte, il grano è poco e carissimo. In più Roma deve combattere i Persiani e i Germani.
Segue un periodo di disordine.
Verso la fine del II secolo, dopo lotte durissime, l'esercito riporta l'ordine e si ristabiliscono i confini.

• Marco Aurelio

L'imperatore **Diocleziano**, visto che un impero così vasto non è controllabile, lo divide in quattro parti. Ogni parte è affidata a un governatore. I quattro governatori si chiamano **Tetrarchi**.
Questo sistema di controllo fallisce perché i tetrarchi si combattono fra di loro per assicurarsi il potere.

• Moneta con effige di Diocleziano

Il successore di Diocleziano, **Costantino** cambia atteggiamento verso i cristiani e, al contrario di Diocleziano, è molto tollerante verso di loro. Del 313 è l'**Editto di Milano** con il quale concede la libertà di culto ai cristiani.
Costantino sposta la capitale dell'Impero a Costantinopoli *(l'odierna Istambul, in Turchia).*

La fine dell'impero

Nel 395 **Teodosio** divide definitivamente l'impero in due: l'Impero Romano d'Occidente, con capitale Ravenna e l'Impero Romano d'Oriente con capitale Costantinopoli.
Per l'Impero è l'inizio della fine. Nel 410 un popolo nordico, i Visigoti invadono Roma e la saccheggiano. Sono lontani i tempi in cui i Galli venivano ricacciati indietro. Roma è, ormai, nelle mani dei barbari, così venivano chiamati i popoli nordici in senso di disprezzo per i loro rozzi costumi e che, a ondate successive, scendono a Roma e compiono saccheggi e razzie.
Nel **476** Odoacre, capo degli Eruli depone l'ultimo imperatore, **Romolo Augustolo**, un ragazzino di soli 10 anni. Il 476, appunto, è la FINE DELL'IMPERO ROMANO D'OCCIDENTE.

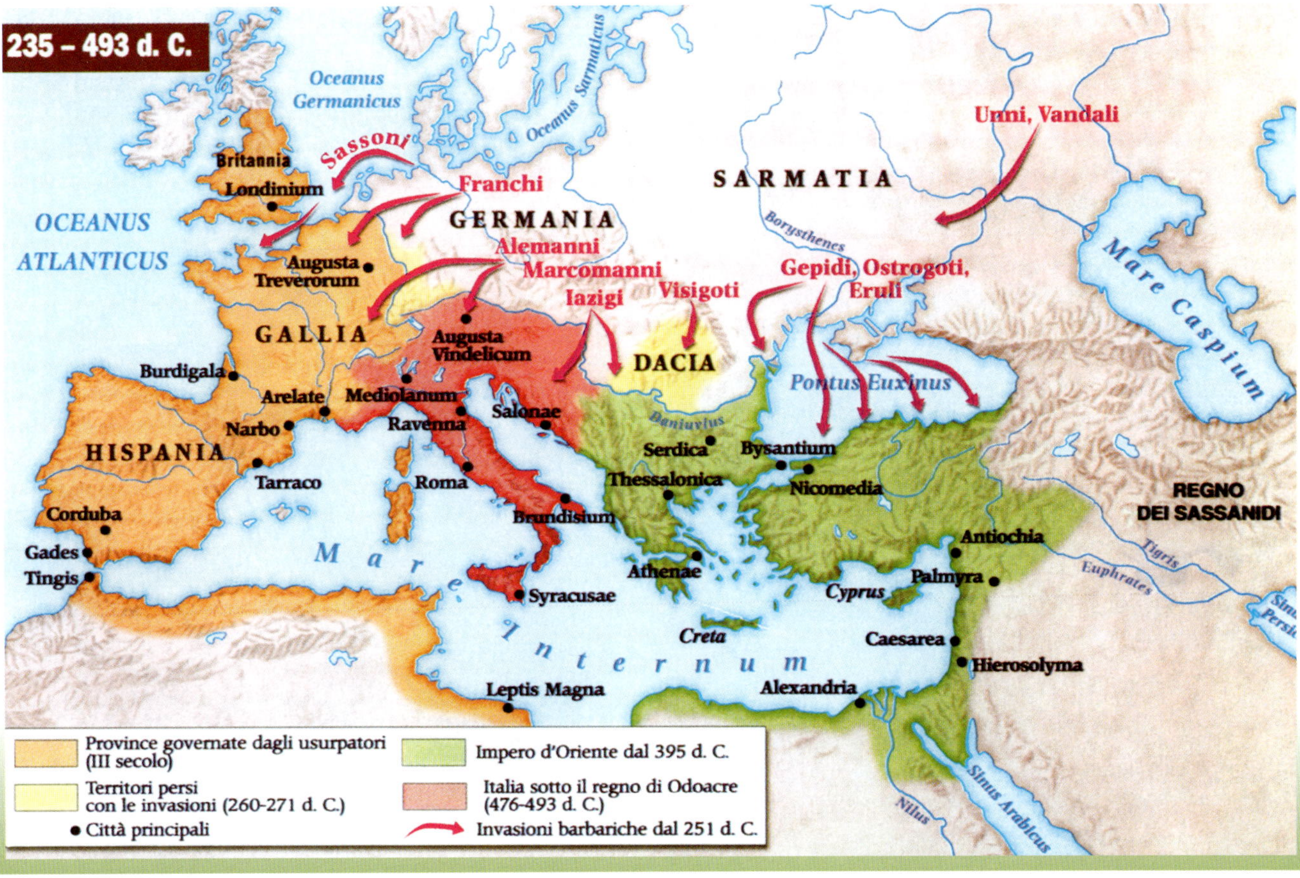

I bambini: i giochi e la scuola

Subito dopo la nascita, il **pater familias** *(capo famiglia)* riconosce il bambino come figlio e lo accoglie come membro della sua famiglia. Il pater familias ha potere di vita e di morte su ogni componente della casa: moglie, figli, parenti stretti, schiavi e liberti, ma ha anche il compito di proteggere tutti. E tutti gli debbono obbedienza assoluta.
Nei primi sette anni il bambino viene educato dalla madre o da una parente anziana, poi passa sotto la tutela del padre che lo avvia all'attività militare e gli trasmette i primi elementi del sapere e della tradizione.

PRIMA A SCUOLA...

I figli dei ricchi vanno a scuola con *"appesa al braccio sinistro la cassetta delle pietruzze per fare i conti e la tavoletta per scrivere"* (Orazio). Imparano a leggere con lettere mobili di legno e di avorio e scrivono sulle tavolette spalmate di cera con uno stilo di osso.
I maestri di solito sono schiavi greci e fanno lezione a un piccolo gruppo di ragazzi in un locale in affitto. Sono molto severi e puniscono l'indisciplina con le frustate.
La scuola è noiosa e ripetitiva.
Gli scolari devono ascoltare la lezione e ripeterla in coro finché non la imparano a memoria.
Su un frammento ritrovato di Catone tuttavia si trova scritto: *"a scuola i ragazzi sono soliti rubarsi le merende."*
Ciò fa capire che malgrado la severità i ragazzi fanno di tutto per divertirsi lo stesso. E che il mondo e le abitudini non sono molto cambiati.

...POI A GIOCARE

Nel primo pomeriggio la scuola termina e i ragazzi vanno a giocare o vanno alle terme. Orazio racconta che i giochi preferiti erano "costruire casette, attaccare dei topi ad un carretto, giocare a fare a pari e dispari, andare a cavallo a una canna, far girare un cerchio con un bastoncino".
Anche il gioco delle noci è molto diffuso: "lasciare le noci" vuole dire diventare grandi.

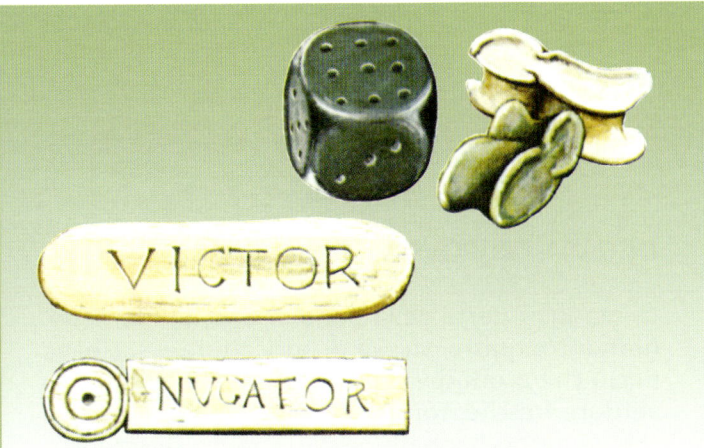

Le bambine giocano con le bambole. E' stata ritrovata, nella tomba della nobile Crepereia Tryphaena, una bambolina di avorio tutta snodabile alta 23 cm, veramente ben conservata.
Sono state ritrovate anche bamboline di legno e terracotta, sicuramente di bambine meno ricche.
"Lasciare le bambole" vuole dire essere ormai una donna da marito, pronta ad altre occupazioni.
Dopo la conquista della Grecia si diffondono il gioco della dama, dei dadi, l'aquilone, la mosca cieca e l'altalena.

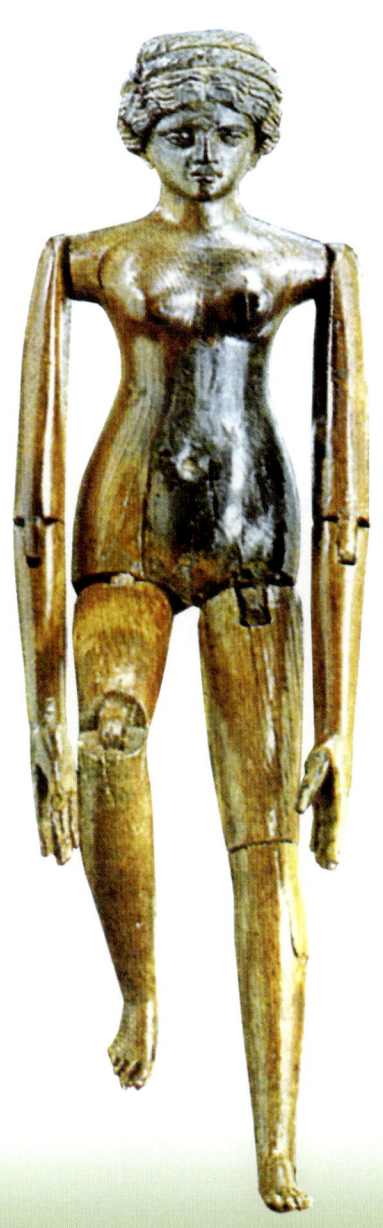

I TRE NOMI

Ad ogni bambino venivano imposti tre nomi. Il primo era il nome proprio (es. Caio) che veniva scelto nove giorni dopo la nascita. Il secondo era il nome della famiglia (es. Giulio). Il terzo era il cognome, una sorta di soprannome che con il tempo diventa il nome della propria famiglia, diverso da quello delle altre gentes (es. Cesare) Caio Giulio Cesare.

A tavola con i Romani

• Cucina agrodolce

In casa dei poveri

La maggior parte della popolazione, prima delle grandi conquiste, viveva di agricoltura e si cibava di ciò che produceva: zuppe di legumi, cereali, verdure fresche, formaggio, focacce non lievitate che venivano bagnate nel latte prima di essere mangiate. Si usavano molte erbe aromatiche per rendere più gradevoli le zuppe.
I Romani facevano tre pasti.
La colazione all'alba (IENTACULUM) era un pasto veloce: pane, formaggio, miele, frutta.
A mezzogiorno il PRANDIUM era simile alla colazione, in più si mangiavano gli avanzi della sera precedente.
Al tramonto si consumava la CENA, il pasto principale. I poveri mangiavano una polenta d'orzo e grano, pane e talvolta un po' di carne.

Il convivium

Più tardi, dopo le conquiste della Grecia e di altre terre lontane, sulle tavole dei ricchi cominciano ad essere presenti carni di vari tipi, pesci, frutta secca, spezie, salse elaborate e ostriche.
In casa dei ricchi la cena è spesso consumata insieme agli invitati e in questo caso diventa un convivium.
Nella villa c'è una stanza chiamata **triclinum**, molto accogliente, riccamente affrescata. Ci sono dei divani dove, stando comodamente sdraiati, si possono mangiare le pietanze disposte su un tavolo basso centrale. Il triclinum si apre direttamente sul giardino interno alle mura della villa. I commensali possono fare passeggiate in mezzo a fontane, statue, alberelli.
Gli invitati sono vestiti riccamente, con vesti morbide e pregiate, le matrone *(donne nobili)* si ornano con preziosi gioielli e vengono pettinate dalle schiave con raffinatezza.

ACCESSORI PER IL TRUCCO

Specchio di bronzo e stagno con bordo d'argento dorato.

Scatola d'avorio per cosmetici.

Bottiglietta d'onice per profumi.

Pettine d'avorio con inciso il nome della proprietaria.

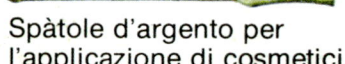
Spàtole d'argento per l'applicazione di cosmetici.

La cena

Il convivio ha inizio al tramonto e attorno ai convitati si dispongono numerosi schiavi per servire le pietanze, versare il vino e far vento con piume di pavone. Ci sono anche dei musici che suonano la lira.
Il pasto ha inizio con la **gustatio** che prevede antipasti di uova, pesci e verdure, ostriche e lumache.

Il secondo momento si chiama **primae mensae**, durante il quale vengono serviti vari piatti a base di carne, prima bollita e poi arrostita accompagnata da salse agrodolci. Si beve vino misto ad acqua.
Il terzo momento si chiama delle **secundae mensae**, si mangiano cibi piccanti che stimolano la sete.
Il convivium si conclude a notte fonda con numerosi brindisi di vino caldo e miele.
I convitati spesso mangiano e bevono troppo ma questo è segno che il banchetto è ben riuscito e che il padrone di casa è apprezzato.

Cosa si mangia

Marco Apicio nel I secolo d. C. scrive questo menu raffinatissimo degno di un ricco patrizio

Menu

Gustatio
- Meduse e uova
- Mammelle di scrofa farcite con ricci di mare
- Patina di cervella con latte e uova
- Funghi bolliti con salsa pepata di pesce
- Ricci di mare con salsa di spezie, miele, olio e uova

Primae mensae
- Daino arrosto con salsa di cipolla, ruta, datteri, uova e miele
- Ostriche bollite in salsa dolce
- Tortore al cartoccio
- Pappagallo arrosto
- Prosciutto bollito con fichi e mandorle cotto al forno in un involucro di pasta
- Fenicottero bollito con datteri

Secundae mensae
- Fricassea di rose
- Datteri farciti di noci e pinoli, fritti nel miele
- Dolci africani al vino dolce e miele, serviti caldi

Le terme

PER IL TEMPO LIBERO

I luoghi più frequentati, specialmente in epoca imperiale, sono le terme o bagni pubblici. In tutte le città romane ce ne sono numerose. Usarle non costa molto e allora sono frequentate da tutti. I bambini entrano gratis.
Alle terme i ricchi sono accompagnati dai propri schiavi che hanno il compito di aiutarli. Le terme sono edifici grandi e con molte funzioni. Nella parte superiore ci sono biblioteche, sale di conversazione, negozi di vario genere. Nella parte inferiore ci sono palestre e sale da massaggio. La zona dei bagni è divisa in quattro settori: lo **spogliatoio**, il **frigidarium**, dove si fanno bagni freddi, il **tepidarium**, una zona con aria tiepida, il **calidarium**, dove si possono fare saune o bagni caldi in grandi vasche.
I bagni degli uomini sono nettamente separati da quelli delle donne.
Prima del bagno si unge il corpo con olio e unguenti vari, visto che ancora non esiste il sapone, dopo il bagno gli schiavi raschiano dal corpo con lo **strigile** *(raschiatoio)* l'olio che viene via insieme allo sporco. Spesso il bagno è seguito da un bel massaggio.
Il riscaldamento delle zone calde avviene tramite fornaci sotterranee che mandano aria calda attraverso condutture di piombo. Questi tubi percorrono i muri e i soffitti a volta.
Alle terme non si va solo per fare il bagno. Si passa il tempo, si chiacchiera, si gioca a dadi, si organizzano incontri d'affari.

• Pompei, lo spogliatoio maschile delle Terme Stabbiane. Nelle nicchie venivano messe le vesti.

• Pompei, Il tepidarium delle Terme del Foro. Si possono ancora vedere le decorazioni.

Il poeta e filosofo Seneca ci racconta come è la vita proprio sopra le terme di Baia, una città vicino Pompei. È il 63 d.C.

Abito proprio sopra un bagno pubblico. Immagina un vocio, un gridare in tutti i toni che ti fa desiderare di essere sordo. Sento lo sforzo di coloro che fanno ginnastica. Emettono sibili e respirano affannosamente.
Se qualcuno se ne sta buono a farsi fare il massaggio, sento il colpo della mano sulla spalla e un suono diverso a seconda che il colpo è dato con la mano piatta o incavata.
Quando poi viene uno di quelli che non può giocare a palla se non grida e incomincia a contare i colpi ad alta voce è finita. C'è anche l'attaccabrighe, il ladro colto sul fatto, il chiacchierone che, quando parla, sta a sentire il suono della sua voce; e quelli che fanno il tuffo nella vasca per nuotare, mentre l'acqua spruzza rumorosamente da tutte le parti... Senza contare il grido del venditore di bibite, di salsicce, di pasticcini e degli inservienti che vanno in giro, offrendo la loro merce, ciascuno con una speciale modulazione di voce...

Che terme!

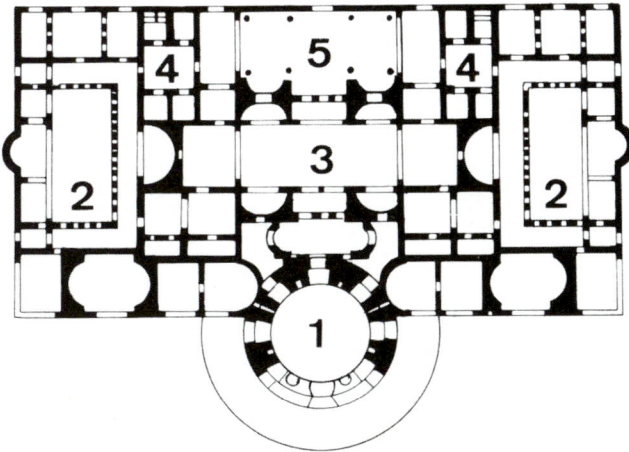

Piantina delle Terme di Caracalla:
1. Calidarium;
2. Palestra;
3. Tepidarium;
4. Spogliatoio;
5. Frigidarium.

Quando si parla di terme antiche agli italiani vengono in mente le Terme di Caracalla, un imperatore vissuto intorno al 200 d. C. Egli fece costruire a Roma delle terme grandiose. Occupavano ben tredici ettari e potevano ospitare fino a 1600 persone per volta! In Italia ci sono anche oggi delle terme molto frequentate perché hanno acque che fanno bene alla salute. La gente va per berle, per fare dei bagni, per respirare i vapori o per farsi delle applicazioni di fango.

• Terme di Montecatini

I regni romano-barbarici

Odoacre riceve dall'imperatore d'Oriente il titolo di vicario e ha il compito di governare l'Italia. Con molta saggezza egli mantiene le leggi romane e affida soltanto un terzo delle terre italiane agli Eruli che danno nuovo impulso all'agricoltura. Odoacre sa difendere l'Italia da altri barbari ed acquista la Sicilia dai Vandali. Odoacre, però non piace più all'imperatore che dà il permesso a Teodorico, capo degli Ostrogoti, di invadere l'Italia.

Teodorico è figlio adottivo dell'imperatore, è colto e raffinato. Fa costruire chiese cristiane, come la basilica di San Vitale a Ravenna, fa restaurare acquedotti e si adopera per fondere la civiltà dei Romani con quella del suo popolo, ma non ci riesce.

Dopo la morte di Teodorico, l'imperatore d'Oriente, **Giustiniano**, tenta di riunificare le due parti dell'Impero per restituirlo al suo antico splendore. Manda in Italia i suoi generali per muovere guerra agli Ostrogoti. L'Italia per venti anni è percorsa da continue guerre e assalti che la riducono in miseria.

Le campagne sono incolte, le città sono semidistrutte e si spopolano, la povertà diffonde molte malattie che contribuiscono a diminuire la popolazione.

L'opera che ha reso famoso Giustiniano è la raccolta e il riordinamento di tutte le leggi emanate dai Romani in un'unica opera in 12 libri: il **Corpus iuris civilis**, un lavoro ancora oggi ritenuto fondamentale per la legislazione moderna.

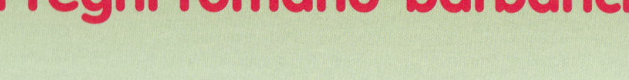

• Ravenna, San Vitale, veduta dell'interno verso est

• Mosaico con l'immagini di Giustiniano

BAR - BAR
Greci e Romani chiamavano Barbari i popoli che non parlavano la loro lingua.

BAR - BA - RA
L'imitazione onomatopeica di una lingua non compresa.

@ per saperne di più clicca su: www.ravennamosaici.it

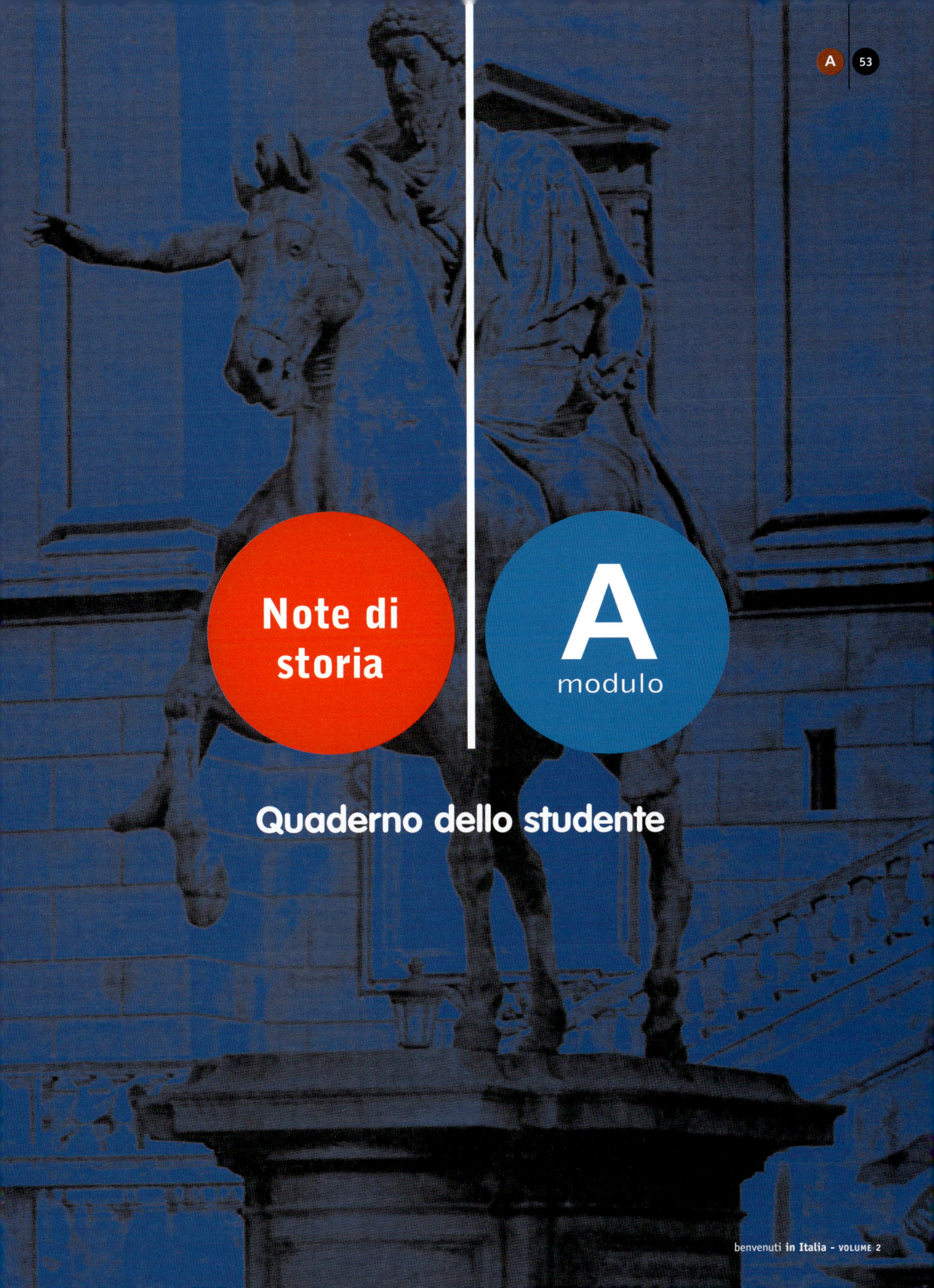

A L'Italia di ieri

ESERCIZIO A (VEDI PAG. 174)

SCELTA MULTIPLA

La parola PACE in latino si scrive
- ☐ pack
- ☐ Pax
- ☐ Pace

Mecenate è colui che
- ☐ consiglia l'imperatore
- ☐ protegge gli artisti
- ☐ aiuta i poveri

Cesare è un
- ☐ imperatore romano
- ☐ eroe antico
- ☐ architetto greco

Dopo la morte di Cesare Roma è governata da
- ☐ Ottaviano
- ☐ Pompeo
- ☐ un Presidente eletto

Tito Livio è
- ☐ uno storico etrusco
- ☐ un generale romano
- ☐ uno storico romano

Traiano Imperatore fa costruire
- ☐ un ponte sul Tevere
- ☐ un palazzo a Roma
- ☐ una grande muraglia in Inghilterra

benvenuti in Italia - VOLUME 2

L'Imperatore Costantino nel 313 d. C. concede la	☐ grazia ai condannati
	☐ libertà ai prigionieri
	☐ libertà di culto religioso

Costantinopoli è la capitale	☐ dell'Impero Romano d'Occidente
	☐ dell'Impero Romano d'Oriente
	☐ dell'Impero Romano

Nerone è ricordato per	☐ la sua barba nera
	☐ aver causato l'incendio di Roma
	☐ essere stato un grande musicista

Orazio è un	☐ poeta
	☐ cantante
	☐ filosofo

Virgilio è	☐ un soldato
	☐ un poeta
	☐ uno scrittore

ESERCIZIO B (VEDI PAG. 174)

VERO / FALSO

	VERO	FALSO
1. I poveri mangiavano zuppe di legumi	☐	☐
2. I poveri mangiavano formaggio e focacce	☐	☐
3. I Romani facevano due pasti principali	☐	☐
4. Al tramonto consumavano la cena	☐	☐
5. Il convivium è un pranzo povero	☐	☐
6. A cena si mangiava sdraiati sui divani	☐	☐

A L'Italia di ieri

7. Durante la cena si ascoltava la musica ☐ ☐
8. Le donne servono le pietanze ☐ ☐
9. Si servono antipasti, primi e secondi ☐ ☐
10. Si beve vino puro ☐ ☐

ESERCIZIO C

RISPONDI ALLE DOMANDE

1. **Leggi** le pagine 178 e 179 dedicate a "I bambini, i giochi e la scuola"
2. **Elenca** tutte le attività che i bambini romani fanno a scuola
3. **Elenca** tutti i giochi dei bambini e delle bambine romani

ESERCIZIO D (VEDI PAG. 180)

DESCRIVI UNA IMMAGINE TRA QUELLE DEDICATE ALLE DONNE ROMANE, AL LORO ABBIGLIAMENTO E AL LORO MODO DI TRUCCARSI

ESERCIZIO E

ELIMINA L'INTRUSO

1. Generale, imperatore, senatore, calciatore, comandante
2. Scuola, disciplina, pallone, tavola di cera, stilo
3. Bambole, dadi, altalena, mosca cieca, noci, pere
4. Terme, palestra, sauna, massaggio, aula, ginnastica

ESERCIZIO F

SCIOGLI LE PAROLE PER DARE SENSO ALLE FRASI

1. ALTRAMONTOSICONSUMAVALACENA
2. GLIINVITATIINDOSSANOVESTIMORBIDEEPREGIATE
3. ALLETERMENONSIVASOLOPERFAREILBAGNO
4. LETERMECISONOANCHEOGGI
5. ILPATERFAMILIASHAILPOTEREDIVITAEDIMORTE

ESERCIZIO G

Unisci le frasi

I maestri di solito fanno lezione	giocavano con le bambole
A scuola i ragazzi sono soliti	si conclude a notte tarda
Le bambine romane	ad un piccolo gruppo di ragazzi
La cena romana si chiama 'convivium' e	rubarsi la merenda

ESERCIZIO H (VEDI PAG. 184)

Metti verbi al presente indicativo i verbi all'infinito

Odoacre _____ (ricevere) dall'Imperatore d'Oriente il titolo di Vicario ed _____ avere il compito di governare l'Italia. Con molta saggezza egli _____ (mantenere) le leggi romane ed _____ (affidare) soltanto un terzo delle terre italiane agli Eruli, che _____ (sapere) dare nuovo impulso all'agricoltura.
Odoacre _____ (difendere) l'Italia da altri barbari e _____ (acquistare) la Sicilia dai Vandali.

ESERCIZIO I

Trova il significato giusto

1. Riunificate
2. Vicario
3. Incolte
4. Percorso
5. Basilica
6. Fondamentale
7. Congiura
8. Acquedotto

a) attraversato
b) con funzioni di capo
c) unite di nuovo
d) non coltivate
e) chiesa
f) costruzione che ha il compito di conservare l'acqua
g) molto importante
h) patto stabilito con un giuramento

ESERCIZIO L (VEDI PAG. 181)

LEGGI IL MENÙ SCRITTO NEL I SECOLO D.C. DA MARCO APICIO E DIVIDI I CIBI SECONDO LA TABELLA

PESCI	CARNE	FRUTTA	VERDURA	ALTRO
Meduse	mammella di scrofa	datteri	ruta	uova

ESERCIZIO M (VEDI PAG. 183)

LEGGI IL PEZZO SCRITTO DA SENECA NEL 63 D.C. E FAI UN ELENCO DEI PERSONAGGI PRESENTATI

Es. coloro che fanno ginnastica…

ESERCIZIO N

ELIMINA LA PAROLA IMPROPRIA O SBAGLIATA

1. La scuola romana è noiosa e ripetitiva interessante
2. Gli invitati al convivium sono vestiti poveramente riccamente
3. Il vino veniva bevuto freddo caldo, con acqua da solo
4. I maestri erano severi buoni
5. I ragazzi volevano divertirsi studiare
6. Le bambine giocavano con gli aquiloni con le bambole

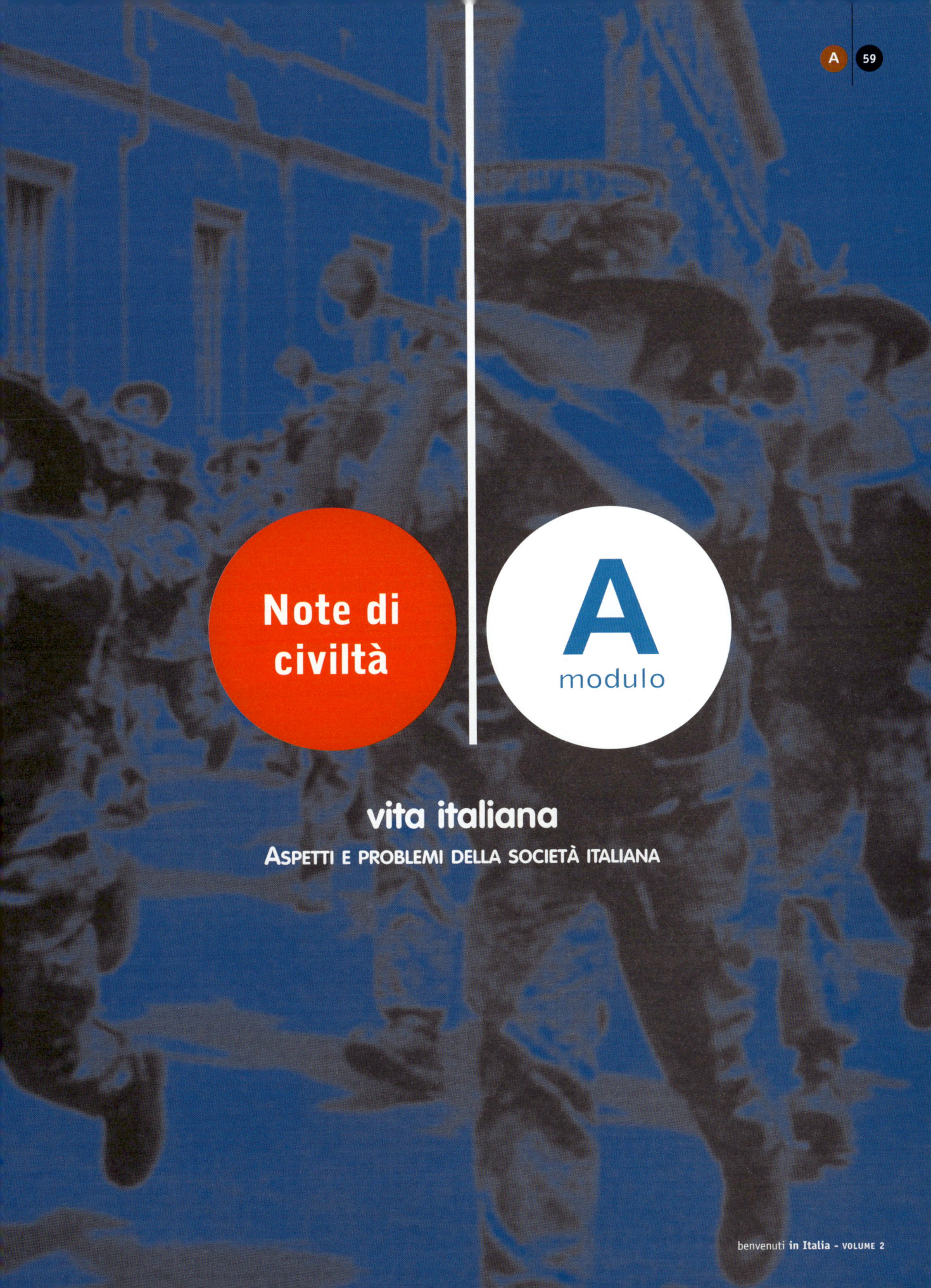

Uomini e donne al servizio della comunità

Da tutta Italia si possono chiamare questi numeri per avere aiuto e risposte immediate!!!!
In tutta Italia uomini e donne al servizio della comunità rispondono alle chiamate della gente.

112 CARABINIERI

113 POLIZIA

115 VIGILI DEL FUOCO

117 GUARDIA DI FINANZA

La difesa della Patria

Il dovere di ogni cittadino di difendere la Patria può essere adempiuto attraverso la prestazione sia del servizio militare che del servizio civile.

L'idea di Patria va intesa in senso ampio, non solo come territorio nazionale, ma anche come il patrimonio di cultura e di valori che trovano riconoscimento nella Costituzione.

• La fanfara dei Bersaglieri

L'Esercito italiano

A partire dal Dopoguerra, l'Esercito ha partecipato ad operazioni di soccorso delle popolazioni nelle catastrofi naturali.
Ha inoltre fornito un notevole contributo alle forze di polizia per il controllo del territorio.
E' stato impegnato in Missioni all'estero sotto il controllo dell'ONU, della NATO, e di forze di pace in LIBANO (1982), NAMIBIA (1989), ALBANIA (1991), KURDISTAN (1991), SOMALIA (1992), MOZAR (1995), TIMOR EST e KOSOVO (1999), AFGHANISTAN (2002) ed IRAK (2003).

Stemma Araldico dell'Esercito Italiano

Lo stemma araldico è stato concesso il 22 luglio 1991 all'esercito dal Presidente della Repubblica. Il fondo rosso rappresenta il coraggio e il sangue versato nelle guerre. Vi si possono vedere i fucili della Fanteria, le lance della Cavalleria, i cannoni dell'Artiglieria, le asce del Genio, le saette delle Trasmissioni. Due sciabole ricordano il valore nel Risorgimento

I Carabinieri

La costituzione dell'Arma dei Carabinieri risale all'800. Il suo compito principale è quello di provvedere alla difesa e alla tutela dell'ordine e della sicurezza pubblica.
Dal punto di vista operativo all'Arma dei Carabinieri sono attribuiti compiti militari che vanno dal concorso alla difesa della patria, alla partecipazione ad operazioni di tipo militare in Italia e all'estero. Ma svolge anche compiti di polizia che vanno dalla polizia giudiziaria alla struttura nazionale di protezione civile.

• www.carabinieri.it

Parecchi Ministeri si avvalgono dell'opera dei Carabinieri nella prevenzione e nella repressione dei reati e a tutela della salute pubblica, al controllo dei danni all'assetto ambientale, al controllo delle carceri, del commercio, dei furti di beni e materiali d'interesse artistico, storico ed archeologico. I Carabinieri inoltre verificano il rispetto delle normative in materia di lavoro e previdenza sociale, controllano le frodi nel settore alimentare e a danno dell'Europa, ecc. La lista degli incarichi affidati ai Carabinieri non finisce qui.

La gente sente molto ed apprezza la presenza dei Carabinieri. Spesso il carabiniere è visto come un interlocutore privilegiato tra il cittadino e lo Stato.
Tutti riconoscono al carabiniere una capacità di servizio ed una disponibilità insostituibili per la comunità civile. La fiducia e la stima riposta in loro è frutto di un rapporto diretto dovuto ad una presenza capillare dell'Arma sul territorio. Ogni paese, ogni villaggio, per vedere riconosciuta la propria dignità, pretende di avere una caserma di carabinieri.

• Monumento equestre al Carabiniere

La Polizia di Stato

• Sito della Polizia di Stato

• Ricerca di sostanze stupefacenti

Il 113	2002	2001
Chiamate	6.729.450	6.591.426
Interventi	2.637.226	2.309.699
- per attività di polizia	1.799.377	1.349.738
rapine	12.880	14.445
furti	211.056	201.294
omicidi	369	482
- per soccorso sanitario	146.755	130.723
- per calamità naturali o di varia natura	691.094	829.238
Media giornaliera chiamate	18.437	18.058
Media giornaliera interventi	7.225	6.328
Volanti impiegate giornalmente	3.794	3.237

@Per saperne di più clicca su
www.poliziadistato.it

A Vita italiana

• Con un cittadino

• Polstrada

LE NOSTRE PROPOSTE

Dalle 22 alle 8 del venerdì notte e dalle 22 alle 8 del sabato notte
- Ai 110 km all'ora in autostrada (anziché ai 130 o ai 150)
- Ai 70 km all'ora nelle strade extraurbane (anziché ai 90)

Nuovi cartelli sui tratti di strada a rischio: avvisano il conducente, minacciano il ritiro della patente

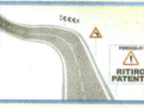

CONTA ANCHE L'AUTOMOBILE

Non tutte le vetture hanno gli stessi standard di sicurezza. Viaggiare a 130 con una Punto è molto più pericoloso che andare a 160 con una Mercedes. Sarebbe quindi opportuno che prima di elevare le multe si tenesse conto del mezzo con il quale si viaggia. Oltre al fatto che spesso ci va di mezzo chi alla prima «distrazione» eccede un po' con la velocità. Il mio discorso è: volete colpire duro? Bene, colpite chi veramente se lo merita e mette in pericolo la sua e la vita degli altri. Non chi magari per venticinque anni di patente non hai mai subito una multa per divieto di sosta e con la macchina ci deve lavorare.

Federico Federici - Urbania (Ps)

I Vigili del fuoco

• Sito dei Vigili del fuoco

I Vigili del Fuoco sono impegnati nella prevenzione degli incidenti da incendio. Contribuiscono a informare la popolazione sui fattori di rischio e certificano il rispetto delle norme particolarmente severe in Italia e in Europa.

I Vigili del Fuoco sono sempre pronti ad intervenire per spegnere incendi, ma anche per soccorrere feriti o aiutare in qualsiasi caso di bisogno, la popolazione. Essi svolgono un utilissimo lavoro in caso di terremoto o di calamità naturali. La loro opera si fa più intensa e specifica in estate al fine di proteggere i boschi dagli incendi. I Vigili del Fuoco, con l'aiuto di aerei speciali, fanno piovere acqua dal cielo salvando case, persone e alberi.

• Soccorso pubblico Sicurezza Prevenzione incendi

Spesso questi uomini hanno il compito di tirare fuori dalle lamiere contorte delle macchine persone ferite in incidenti stradali. La precisione e la rapidità, in questi casi, sono garanzia di sopravvivenza per molte persone. La gente comune stima moltissimo il lavoro di questi uomini coraggiosi. Li guarda con rispetto e quando passano si tira indietro lasciando loro strada sperando in cuor suo che arrivino in tempo a destinazione.

Guardia di Finanza

• Sito della Guardia di Finanza

Tra i compiti più importanti:
- l'attività svolta nei settori dei controlli fiscali e doganali;
- il contrasto al contrabbando;
- la prevenzione e repressione delle frodi comunitarie;
- il contrasto alla criminalità economica e finanziaria;
- il controllo dei flussi immigratori;
- l'attività di soccorso in mare e in montagna;
- la collaborazione con Enti e Autorità istituzionali e organismi internazionali.

I CONTROLLI FISCALI

ATTIVITÀ DI VERIFICA

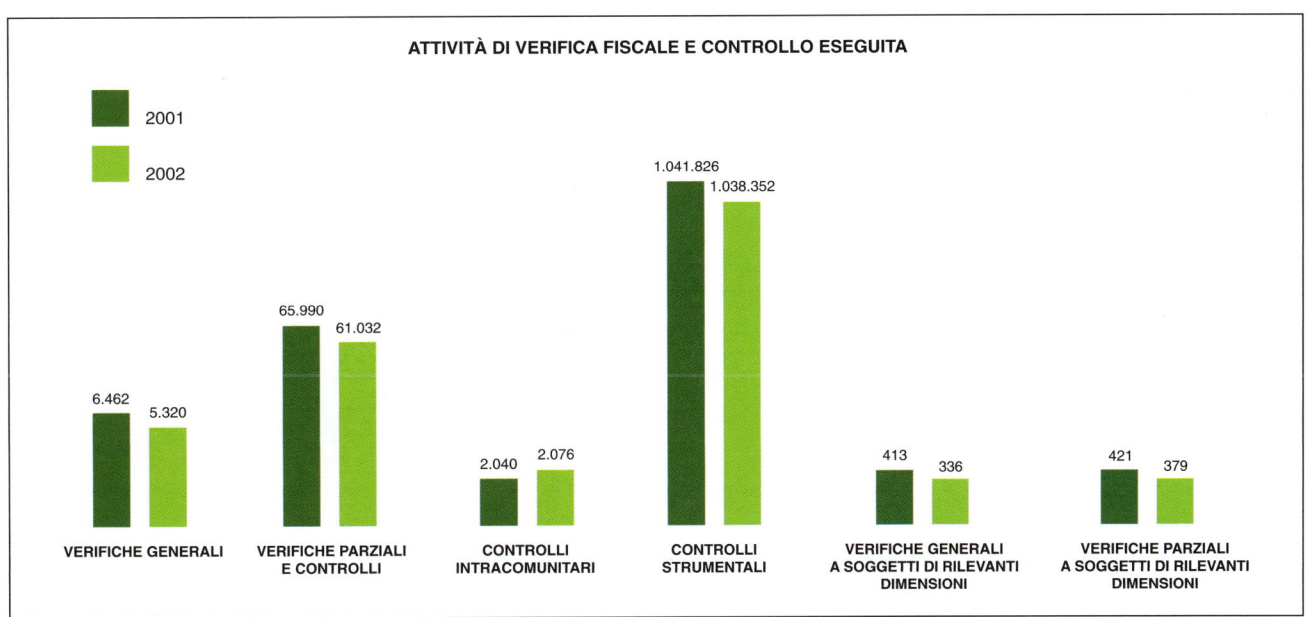

ATTIVITÀ DI VERIFICA FISCALE E CONTROLLO ESEGUITA

	2001	2002
VERIFICHE GENERALI	6.462	5.320
VERIFICHE PARZIALI E CONTROLLI	65.990	61.032
CONTROLLI INTRACOMUNITARI	2.040	2.076
CONTROLLI STRUMENTALI	1.041.826	1.038.352
VERIFICHE GENERALI A SOGGETTI DI RILEVANTI DIMENSIONI	413	336
VERIFICHE PARZIALI A SOGGETTI DI RILEVANTI DIMENSIONI	421	379

LA GUARDIA DI FINANZA HA ANCHE COMPITI DI POLIZIA

Protezione civile

Per prevenire e riparare i danni di calamità naturali quali terremoti, alluvioni provocate da piogge, laghi, fiumi, lo Stato ha istituito la Protezione Civile.
Possono fare parte della Protezione Civile tutte le forze militari, civili e semplici cittadini volontari. In realtà, anche per opera della scuola, si sta diffondendo una cultura della prevenzione ed una buona conoscenza dei fattori di rischio e dei comportamenti da tenere in caso di pericolo.
Sono obbligatorie prove di evacuazione di tutte le persone presenti dagli ambienti molto affollati quali ad esempio le scuole e le università verso centri di raccolta esterni. Tali prove simulano la situazione di pericolo terremoto, incendio, crollo, ecc..., e vogliono abituare a comportamenti corretti mantenendo la calma.

La Protezione civile ha anche il compito di avvisare la popolazione e le Autorità di pericoli possibili (per esempio in caso di previsto maltempo).

Protezione Civile: e' attivo il primo gruppo di volontari a Perugia

Sono stati consegnati sabato mattina gli attestati di frequenza al corso di formazione per volontari della protezione civile. "Abbiamo voluto dare ufficialità a questa iniziativa – ha sostenuto il vicesindaco Silvano Rometti, con delega alla protezione civile - anche per esprimere la soddisfazione del Comune di Perugia che, capoluogo dell'Umbria, ancora non aveva un gruppo di volontari per la protezione civile". Rometti ha poi parlato dei nuovi compiti che investono i Comuni in questo campo, che riguardano non solo gli interventi in fatti calamitosi ma anche la prevenzione della pericolosità in occasione di grandi eventi. Ci sono risorse in bilancio per fornire un primo equipaggiamento ai volontari; inoltre il Ministero degli Interni ha concesso al Comune un importante finanziamento proprio per questo capitolo. Per quanto riguarda la sede poi, esiste una concreta possibilità che questa venga individuata nella ex scuola di Ponte della Pietra. Giovedì scorso la Giunta ha deliberato inoltre il rafforzamento complessivo di questa attività: nuovi corsi per volontari partiranno a breve.

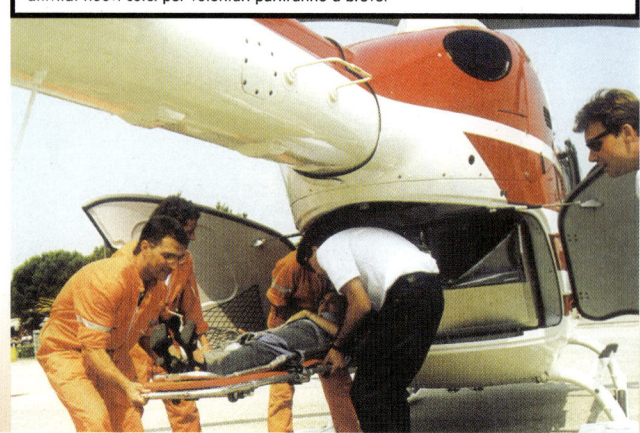

Volontariato e donazioni

Comportamenti responsabili e solidali

Il nostro Paese si sta caratterizzando sempre più per attivare comportamenti socialmente responsabili.
Sempre più gli Italiani si dedicano
- a forme di riciclaggio e raccolta differenziata dei rifiuti
- al consumo critico (39%)
- al commercio equo e solidale (57%)
- a stili di vita più sobri (36%)

In questi ultimi anni assistiamo anche ad un impegno nel volontariato che interessa più del 15% della popolazione. Si tratta di un volontariato personale, autonomo, libero, flessibile e trasversale. Si tratta di forme di associazionismo costituite per lo più da piccoli gruppi. Il 28% interessa soprattutto le parrocchie.
Le caratteristiche di questo tipo di volontariato si possono così sintetizzare
- è soprattutto femminile,
- interessa il ceto medio, impiegatizio e il lavoro autonomo,
- con un livello di istruzione medio/ alto,
- più diffuso nelle aree ricche del Paese

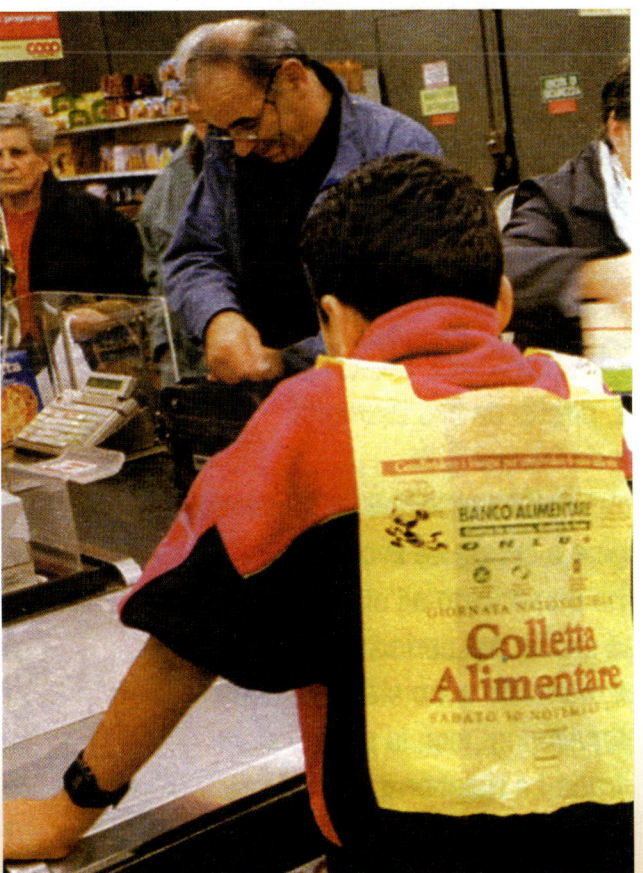

Grazie anche a numerose campagne di sensibilizzazione come spettacoli televisivi, un italiano su due fa donazioni spontanee. Si va dalle donazioni di sangue e di organi, alle raccolte di fondi per la ricerca medica, per emergenze e cause umanitarie nei confronti di popolazioni in difficoltà…

Volontariato e ambiente

Lavorare come volontari in attività che riguardano l'ambiente è esperienza molto diffusa e gratificante per la sensazione che si ha di partecipare in prima persona a grandi e piccoli progetti di protezione ambientale. L'Agenzia per il volontariato ecologico mette in contatto il pubblico, soprattutto i giovani, con le organizzazioni che si occupano di protezione dell'ambiente. Lo scopo è quello di radunare un esercito di eco-volontari da mettere a disposizione degli Enti, con interessi e preparazione specifica che vada dalla vigilanza, al monitoraggio, alla informazione, sensibilizzazione, fino alla partecipazione alla ricerca scientifica vera e propria.

Fare attività di **volontariato** ecologico nei Parchi ad esempio comporta la **collaborazione** attiva con il personale **addetto** ai diversi servizi che si svolgono al suo interno: vigilanza **antincendio**; accoglienza ed informazione ai visitatori; **sorveglianza** degli e per gli animali; **manutenzione** dei sentieri e **predisposizione** dei cartelli informativi.

Esiste poi una forma di volontariato molto praticato nelle occasioni di giornate o settimane particolari come quelle organizzate dal WWF, da Italia Nostra, da Lega ambiente o da semplici **comitati** di cittadini volti al recupero dell'**igiene** e alla **pulizia** di fiumi, prati, parchi.

Le priorità sociali secondo gli Italiani

A **livello internazionale** gli Italiani ritengono che i problemi maggiori da risolvere riguardano la sicurezza: la lotta al terrorismo, la risoluzione del conflitto arabo-israeliano, la regolamentazione dei flussi degli immigrati clandestini.
Sono sentiti anche temi come la solidarietà e la giustizia globale: l'azzeramento del debito dei paesi poveri e la relativa possibilità di partecipazione degli stessi alle politiche mondiali.
Per quanto riguarda i problemi di **politica interna**, gli italiani mettono al primo posto una serie di aspetti:
- aiuti economici alle famiglie attraverso contributi
- miglioramento del sistema sanitario nazionale con maggiore attenzione alle strutture pubbliche
- servizi socio-sanitari anche per le fasce di età più avanzate e incremento delle pensioni
- lotta alla criminalità comune
- immigrazione clandestina
- terrorismo
- spese per la formazione professionale, aiuti e sostegni per lavoratori.

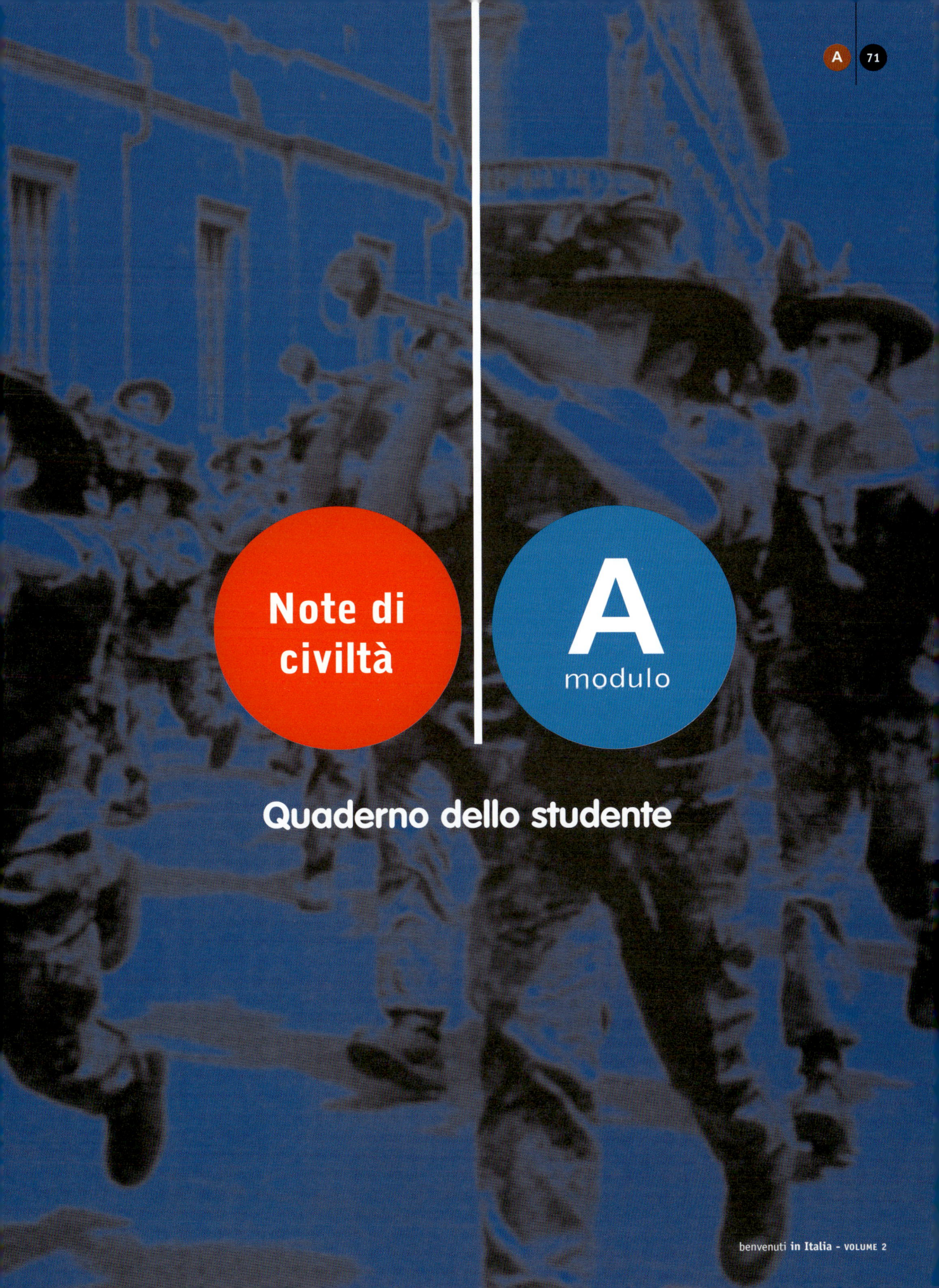

ESERCIZIO A (VEDI PAG. 193)

SCELTA MULTIPLA

Che cosa hanno sul cappello i bersaglieri
- ☐ piume di gallo cedrone
- ☐ un pennacchio
- ☐ una coda di volpe

Che cosa hanno sul cappello i carabinieri
- ☐ un pennacchio rosso e blu
- ☐ una piuma d'uccello
- ☐ piume di pollo

I carabinieri hanno compiti di prevenzione e repressione in campo
- ☐ scolastico
- ☐ sportivo
- ☐ militare

Il colore della macchina e della moto della Polizia italiana è
- ☐ rossa e verde
- ☐ bianca
- ☐ bianca e azzurra

Il numero di emergenza per chiamare i Carabinieri è
- ☐ 112
- ☐ 122
- ☐ 231

Il numero di emergenza per chiamare la Polizia è
- ☐ 131
- ☐ 311
- ☐ 113

La divisa dei Vigili del Fuoco è	☐ rossa
	☐ arancione
	☐ gialla

Il numero di emergenza per chiamare i Vigili del Fuoco è il	☐ 115
	☐ 157
	☐ 511

La Protezione Civile si occupa di emergenza durante	☐ i terremoti
	☐ le partite di calcio
	☐ elezioni

Possono fare il Servizio Civile	☐ solo i ragazzi
	☐ solo le ragazze
	☐ ragazzi e ragazze

Esercizio B (VEDI PAGG. 193, 194, 195, 197)
Vero / Falso

	VERO	FALSO
1. La Patria è il territorio geografico di un Popolo	☐	☐
2. L'esercito italiano ha finalità solo difensive	☐	☐
3. Lo stemma araldico dell'esercito ha un fondo blu	☐	☐
4. La costituzione dell'Arma dei Carabinieri risale a due secoli fa	☐	☐
5. La Polizia si occupa anche di prevenzione antidroga	☐	☐
6. I Vigili del Fuoco si occupano di sicurezza e prevenzione incendi	☐	☐
7. L'AVIS è l'Associazione dei Volontari per la Donazione del Sangue	☐	☐

A Vita italiana

8. La caritas organizza attività sportive ☐ ☐
9. La Guardia di Finanza ha compiti di controllo delle tasse ☐ ☐
10. Un italiano su due partecipa a raccolte di fondi per la ricerca ☐ ☐

Esercizio C

ELIMINA L'INTRUSO

1. poliziotto, vigile, giornalista, carabiniere, volontario
2. controllo, soccorso, prevenzione, contratto, guardia
3. volontario, donatore, assistente, calciatore, protezione

Esercizio D (VEDI PAG. 194)

COMPLETA CON LE DESINENZE

L'importanz___ dell'Arm___ dei Carabinieri è molt___ sentita dalla gente comun___. Spesso il Carabiniere è vist___ come un interlocutore privilegiat___ tra il cittadin___ e lo Stato. Tutti riconoscono a quest___ uomini una capacità di servizi___ di grand___ utilità per la comunità civil___. La fiducia e la stim___ ripost___ in loro è frutto di un rapporto diret___ dovut___ ad una presenza capillar___ dell'Arma sul territorio, in ogni paes___.

Esercizio E (VEDI PAG. 196)

GUARDA LA PRIMA IMMAGINE IN ALTO A SINISTRA E IMMAGINA IL DIALOGO TRA I DUE POLIZIOTTI E IL SIGNORE DI SPALLE

Esercizio F

A PAG. 196 TROVI LA FOTO DI UN POLIZIOTTO VICINO ALLA SUA MOTO. PROVA A FARGLI DELLE DOMANDE

Esercizio G

GUARDA LE FOTO N.1 E N.2 DEL CAPITOLO SULLA PROTEZIONE CIVILE E RISPONDI

1. Che cosa vedi?
2. Secondo te perché queste persone vivono nelle tende?

3. Puoi immaginare chi sono e cosa provano le persone in primo piano?
4. Che cosa rappresenta la scena della foto n. 2?
5. Secondo te, che cosa è successo?

Esercizio H (VEDI LE PAGG. 198-199)

GUARDA LA FOTO RELATIVE ED ELENCA LE ATTIVITÀ DELLA GUARDIA DI FINANZA

Esercizio I

SCIOGLI LE FRASI PER DARE LORO SENSO

1. L'ARMADEICARABINIERIHACOMPITI MILITARI
2. ENTRANELMONDODELVOLONTARIATO
3. UNASCELTACHECAMBIALAVITATUAEDEGLIALTRI
4. LACARITASCERCAVOLONTARI

Esercizio L (VEDI PAG. 202)

COMPLETA CON LE PREPOSIZIONI

Lavorare come volontari _____ attività che riguardano l'ambiente è esperienza molto diffusa e gratificante _____ la sensazione che i partecipanti hanno _____ partecipare in prima persona a grandi e piccoli progetti _____ protezione ambientale. L'Agenzia _____ il volontariato ecologico mette _____ contatto il pubblico soprattutto i giovani _____ le organizzazioni che si occupano _____ protezione dell'ambiente. Lo scopo è quello _____ radunare un esercito di eco-volontari da mettere _____ disposizione degli Enti, con interessi e preparazione specifica che vada _____ vigilanza, al monitoraggio, _____ informazione, sensibilizzazione, fino alla partecipazione _____ ricerca scientifica vera e propria.

Esercizio M (VEDI PAG. 202)

RIMETTI LE PAROLE AL POSTO GIUSTO

Fare attività di volontariato _____ nei Parchi ad esempio comporta la collaborazione _____ con il personale addetto ai diversi servizi che si svolgono al suo interno: vigilanza _____ ; accoglienza ed informazione ai visitatori; sorveglianza degli e per gli animali; manutenzione dei sentieri e _____ dei cartelli informativi. Esiste poi una forma di volontariato molto praticato nelle _____ di giornate o settimane particolari come quelle organizzate dal WWF, da Italia Nostra, da Lega ambiente o da semplici _____ di cittadini volti al recupero dell' _____ e alla pulizia di fiumi, prati, parchi.

ANTINCENDIO – ATTIVA –
ECOLOGICO – COMITATI –
OCCASIONI – IGIENE –
PREDISPOSIZIONE

Esercizio N

Trasforma le frasi al plurale

1. Il poliziotto controlla la strada
2. Il vigile del fuoco spegne l'incendio
3. Il Carabiniere si preoccupa dell'ordine e della sicurezza
4. Il volontario raccoglie fondi per la ricerca
5. Il finanziere svolge attività di controllo fiscale

Esercizio O

Trova i contrari delle parole

1. giovane
2. personale
3. principale
4. volontario
5. servizio
6. femminile
7. antico
8. pochi

> TANTI – MASCHILE – VECCHIO – MODERNO – IMPERSONALE – INVOLONTARIO – DISSERVIZIO – SECONDARI

Esercizio P

Rispondi

1. Quale Associazione di volontariato conosci?
2. Quali compiti si propone?
3. Quali sono i gruppi di pubblica utilità presenti nella tua città?

Esercizio Q

Ti trovi in difficoltà

Chiama uno dei numeri di pubblica utilità di pag. 192 e chiedi informazioni

Pronto, _____

Note di Geografia

B modulo

L'Europa

L'Europa

Un nome e un continente antico

IL MITO DI EUROPA

• Il mito di Europa (antica ceramica greca V secolo a.C.)

Secondo gli antichi Greci, Europa era la bellissima figlia del re Fenice e il suo nome significava *"colei che ha grandi occhi"*.
Essa viveva nei grandi giardini reali di Tiro e di Sidone, vicino al mare. Un giorno il dio Giove la vide e se ne innamorò. Per sedurla Giove prese le sembianze e le forme di un giovane torello. Europa cominciò a giocare con l'animale e gli salì in groppa. A quel punto, il toro si lanciò velocissimo tra le onde del mare, portando con sé Europa fino a Creta. Per secoli Europa ha rappresentato il *mito della bellezza e dell'innocenza*.

• Il Castello di Schonbrunn dove nel 1815 si è svolto il Congresso di Vienna che, dopo Napoleone, ha ridisegnato la carta geopolitica dell'Europa.

Nascita dell'Europa

La formazione del continente Europa è avvenuta insieme alle altre parti del mondo, quando terra e mare si dividono.
Si trova a contatto diretto con l'Asia, tanto che gli studiosi spesso parlano di un unico continente, l'Eurasia.
Secondo alcuni studi è possibile distinguere **"due Europe"**: l'**Europa Settentrionale**, più antica, caratterizzata da vaste pianure e rilievi bassi, e l'**Europa Meridionale**, più giovane, nella quale sono presenti i rilievi di maggior dimensioni.

• La Terra 200 milioni di anni fa

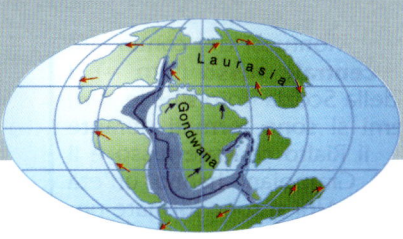

• La Terra 65 milioni di anni fa

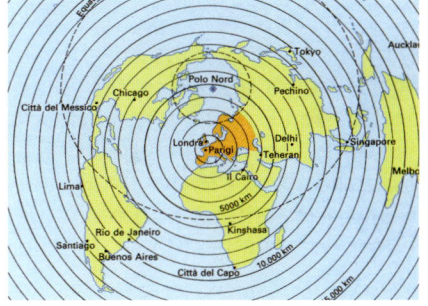

Una posizione centrale

L'Europa con i **43 Stati**, di cui cinque piccolissimi e una superficie di appena **10 milioni di chilometri quadrati**, si estende da Nord a Sud. Dalla parte più a Nord della Norvegia alle più piccole isole del Mediterraneo ci sono 4000 km. In larghezza, dall'Oceano Atlantico ai monti Urali misura circa 5000 km.
Dimensioni abbastanza ridotte, tanto che l'Europa è quasi interamente compresa nella **fascia temperata** dell'emisfero boreale. Questa sua posizione centrale ha certo contribuito al suo sviluppo culturale e sociale.

Un continente densamente popolato

La popolazione è di circa **700 milioni di abitanti**. La sua **densità media**, cioè il rapporto tra la popolazione e la superficie, la colloca al secondo posto nel mondo, con **68 abitanti per chilometro quadrato**. I fattori che hanno influenzato questa concentrazione di popolazione sono stati e sono ancora oggi molteplici: storici, politici, sociali e culturali. Determinanti sono le **favorevoli condizioni climatiche** di cui l'Europa gode per la sua posizione geografica centrale nel planisfero che rendono il suo territorio, per circa l'80% utilizzabile per tutte le attività umane, specie per l'agricoltura. All'aumento naturale della sua popolazione contribuisce, specie negli ultimi decenni, una forte immigrazione di altri popoli che guardano all'Europa come a un luogo di benessere economico e civile.

le principali tappe del popolamento europeo	
periodo	abitanti
I sec. d.C.	30-35 milioni
350	27 ”
600	18 ”
800	29 ”
1000	38 ”
1200	49 ”
1350	70 ”
1500	56 ”
1650	100 ”
1750	140 ”
1820	210 ”
1900	392 ”
1950	550 ”
1985	690 ”

A partire da questo secolo, si assiste sempre più ad una diminuzione di nascite.
Tra breve l'Europa avrà la **crescita zero**.
Secondo alcune stime dell'ONU, nel prossimo futuro, gli abitanti europei, dal 12% attuale, si ridurranno all'8% del totale del Pianeta.
Questo fenomeno non è omogeneo in tutto il territorio e in ogni Nazione in quanto in ogni Paese europeo varia la cultura, lo stile di vita, la ricchezza.

Verso la crescita zero

In tutta Europa il tasso di mortalità si è molto abbassato. Si è allungata la vita media: 71 anni per gli uomini e 78 per le donne. L'**allungamento della vita media** e il forte calo della natalità ha come principale conseguenza un **generale invecchiamento** della popolazione. Questo fenomeno diventa un problema soprattutto per i governi che devono far fronte a maggiori spese per pagare le pensioni e l'assistenza sanitaria.

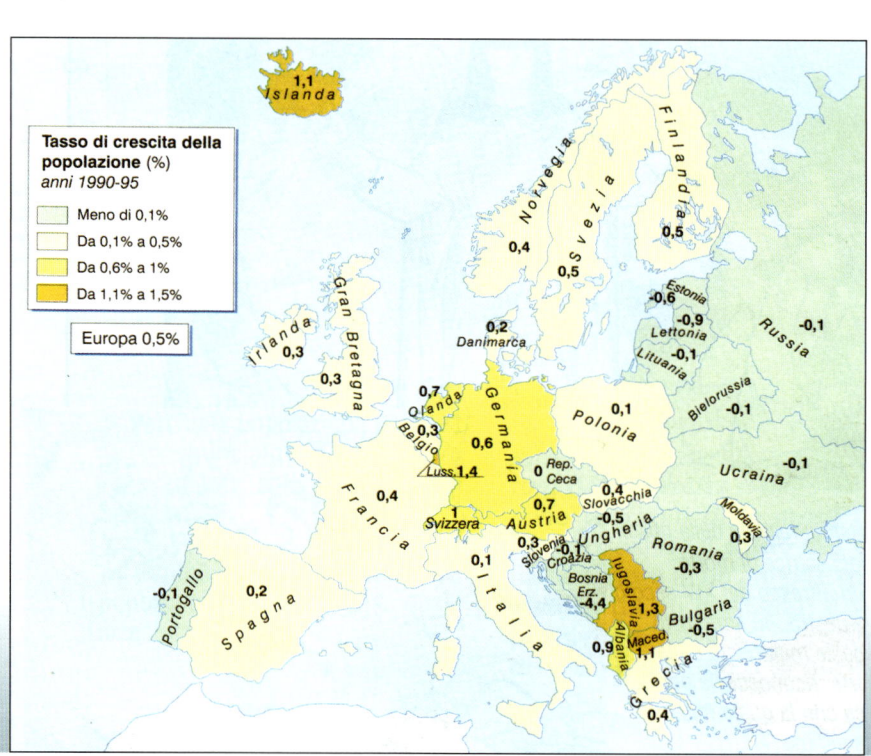

UNA GRANDE VARIETÀ DI POPOLI

I Popoli europei sono molto diversi tra loro. Molte sono le differenze che riguardano la lingua, la religione, la storia e modi di vita, i costumi e le tradizioni.
In Europa esistono nazioni omogenee dal punto di vista della popolazione ed altre nelle quali sono presenti grosse minoranze, con lingua e storia differenti. E' il caso, ad esempio, della Spagna, della Gran Bretagna e della stessa Svizzera dove vivono cittadini di lingua e cultura francese, tedesca, italiana.

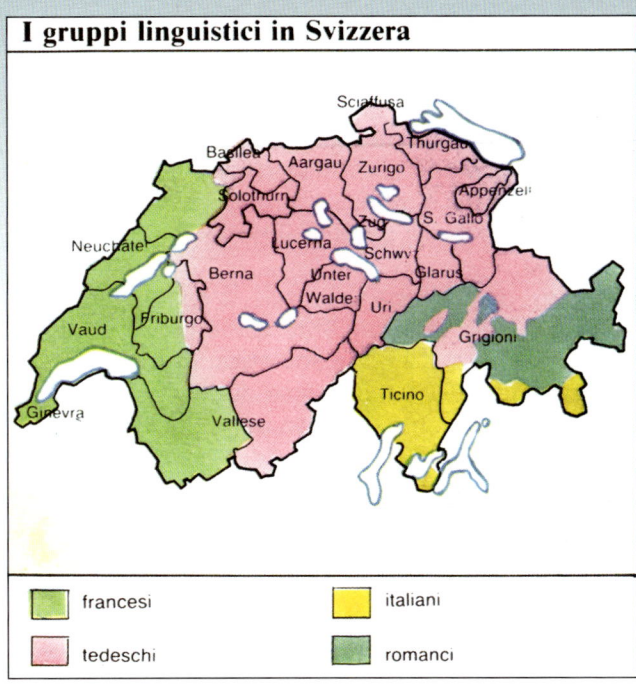

Le diverse forme di governo degli stati europei

Oggi in Europa, in base alla forma di governo, esistono **repubbliche e monarchie**.
Diversi paesi europei hanno conservato l'antico istituto monarchico, ma i poteri del re o della regina sono ormai molto limitati, in quanto il potere politico reale è nelle mani di organismi eletti dai cittadini. Hanno **monarchie parlamentari** di questo tipo: Norvegia, Svezia, Danimarca, Benelux (Belgio, Olanda, Lussemburgo), Spagna e Gran Bretagna. Nelle repubbliche la sovranità appartiene direttamente a tutto il popolo che la esercita attraverso il voto.

In Europa abbiamo:
- **repubbliche parlamentari**, come nel caso dell'Italia, in cui il Parlamento ha un ruolo centrale;
- **repubbliche presidenziali**, come nel caso della Francia, quando il Capo dello Stato, eletto direttamente dal popolo, può essere anche Capo del Governo;
- **repubbliche popolari o socialiste**, quando i poteri sono in mano ad un solo partito come in Polonia, in Russia, ecc..

I Paesi d'Europa si sono dati due sistemi di governo a seconda della loro storia, delle loro dimensioni, dell'omogeneità culturale dei suoi cittadini: il **sistema unitario e il sistema federalistico**.
Nel primo caso tutte le funzioni amministrative e politiche più importanti sono in mano allo Stato, il quale, come in Italia, può decentrare, delegare alcune funzioni alle regioni, alle province e agli enti locali.
Negli stati federali la situazione è diversa in quanto essi sono il risultato dell'unione di più stati i quali mantengono ognuno la propria autonomia e le proprie caratteristiche.
Lo stato federale ha comunque un unico governo e un Capo di Stato che rappresenta l'unità nazionale, ma gestisce solo alcune funzioni rappresentative: la politica estera, la difesa, il coordinamento economico. E' il caso della Svizzera (uno degli stati federali più antichi del mondo), del Belgio, della Germania.
In Europa esiste oggi un grande organismo di tipo **confederale**: **l'Unione Europea**.

B L'Europa

Conflitti e tensioni

Non sempre la convivenza tra Stati e Nazioni è stata pacifica.
I conflitti tra nazionalismi hanno provocato spesso, specie nell'Europa Occidentale, atti di terrorismo duri a morire, come nel caso dei Baschi in Spagna e degli Irlandesi in Gran Bretagna.
Nei Paesi dell'Europa Orientale, a cominciare dagli anni '90, in alcuni Stati come la Cecoslovacchia, l'Unione Sovietica, la Jugoslavia si è messo in atto un processo di disgregazione, a volte pacifico, come nel caso della Cecoslavacchia che si è divisa in Repubblica Ceca e Slovacchia e a volte tragico e sanguinoso come nel caso della

ex-Jugoslavia. La guerra nel Kosovo, in nome della cosiddetta "pulizia etnica", voluta dalla maggioranza serba, ha visto migliaia di persone massacrate e costrette a fuggire dalla propria terra; un conflitto durato circa dieci anni e conclusosi solo grazie all'intervento dell'ONU e all'arresto di Milosevic. Oggi nei Balcani dall'ex-Jugoslavia sono sorte cinque repubbliche indipendenti: Slovenia, Croazia, Bosnia-Erzegovina, Macedonia, Serbia-Montenegro.

LA CADUTA DEL MURO DI BERLINO

Il 10 novembre 1989 è stato abbattuto il muro di Berlino, eretto nel 1961 per frenare la fuga dei tedeschi orientali verso l'Occidente. Dopo la Seconda Guerra Mondiale il muro costituiva il simbolo della divisione del mondo in due blocchi: da una parte i Paesi Occidentali (con a capo gli Usa e caratterizzati da forme di governo di tipo democratico-parlamentare), dall'altra l'URSS e i Paesi delle democrazie popolari o socialiste. Questa divisione ha fatto vivere all'umanità momenti di grande tensione per effetto di una continua corsa gli armamenti e per la paura di un altro conflitto mondiale. Grazie alle idee e alla politica dell'allora presidente russo Michael Gorbaciov (Nobel per la pace nel 1990) l'era dei blocchi e della "Guerra fredda" si è conclusa.
L'abbattimento concreto, ma altamente simbolico del muro di Berlino ha permesso l'unificazione della Germania e il sorgere di nuove democrazie.

Tante lingue diverse

Ai diversi gruppi etnici corrispondono altrettante lingue differenti. Queste tuttavia, pur nella loro diversità, mantengono molti elementi in comune, sia nel lessico, sia nella struttura delle frasi. Siccome la gran parte della popolazione europea deriva da antiche migrazioni di popoli provenienti dalla valle dell'Indo, si può dire che essa appartenga ad un unico ceppo linguistico: l'**indoeuropeo**.
Le lingue indoeuropee parlate in Europa si dividono in tre gruppi principali: neolatine (o romanze), germaniche e slave.

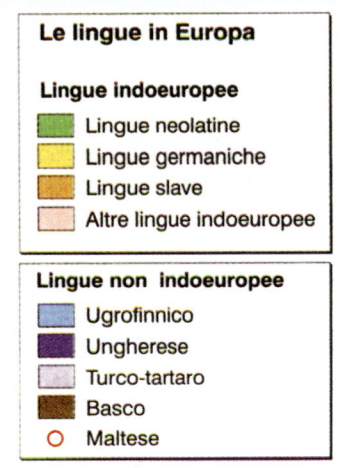

Le **lingue neolatine**, diffuse nell'Europa Meridionale sono il portoghese, lo spagnolo (il castigliano), il catalano, il sardo, il francese, l'italiano, il ladino, il rumeno.
Le **lingue germaniche**, utilizzate nell'Europa Centro-Occidentale e Settentrionale sono il tedesco, il fiammingo, lo svedese, il norvegese e l'inglese.
Le **lingue slave**, parlate nell'Europa Orientale e Balcanica sono il russo, il polacco, il ceco, lo sloveno, il croato, il serbo.
Vi sono poi gruppi linguistici minori come l'**albanese**, il **greco**, l'**armeno**, le **lingue celtiche** (bretone, scozzese, irlandese, gallese), **baltiche** (lettone, lituano) e **caucasiche**.
Nel continente europeo si parlano anche lingue di ceppi diversi come il turco (**uralo-altaico**), il lappone, il finlandese (**ceppo ugro-finnico**), il **magiaro**, il **basco** e **alcuni idiomi parlati dagli zingari**, simili ad alcune lingue dell'India.

• Vendita di pubblicazioni di lingua catalana da parte di sostenitori dell'indipendenza della Catalogna (Spagna)

• Iscrizione in greco di un brano della Seconda lettera di S. Paolo ai Corinti e relativa traduzione in inglese su un cippo sito nell'agorà dell'antica Corinto

benvenuti in Italia - VOLUME 2

B L'Europa

La religione elemento di unità e divisione

Gran parte della storia europea si identifica con quella del **Cristianesimo** che a partire da Roma, luogo in cui si fondò la Chiesa, si è poi diffuso in tutta Europa e in gran parte del mondo. Nonostante scismi, divisioni, lotte e perfino guerre del passato, la religione cristiana è stata ed è un elemento di *identità dei popoli* europei. Ne ha influenzato cultura, economia, organizzazione sociale, modi e stili di vita.

Nel mondo del **Cristianesimo** troviamo:

i **cattolici**, i più numerosi, diffusi soprattutto nei paesi latini, in Italia, in Irlanda, nella Germania Meridionale, in Austria, in Slovacchia, e in Polonia;

i **protestanti** (anglicani, luterani, metodisti...) diffusi soprattutto nei paesi dell'Europa Centro-Settentrionale;

gli **ortodossi**, presenti soprattutto nell'Europa Orientale, Romania, Russia, Ucraina, in quella balcanica e in Grecia.

In Turchia e in seguito al fenomeno dell'immigrazione, anche nel resto dell'Europa, è in aumento la presenza di **musulmani**.

In numero ridotto, ma presenti quasi in tutti i Paesi europei, sono gli **Ebrei**.

LA DIFFUSIONE DELLE RELIGIONI IN EUROPA OGGI

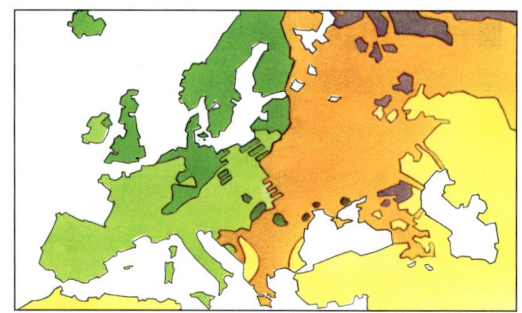

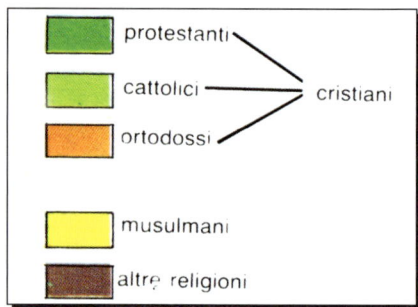

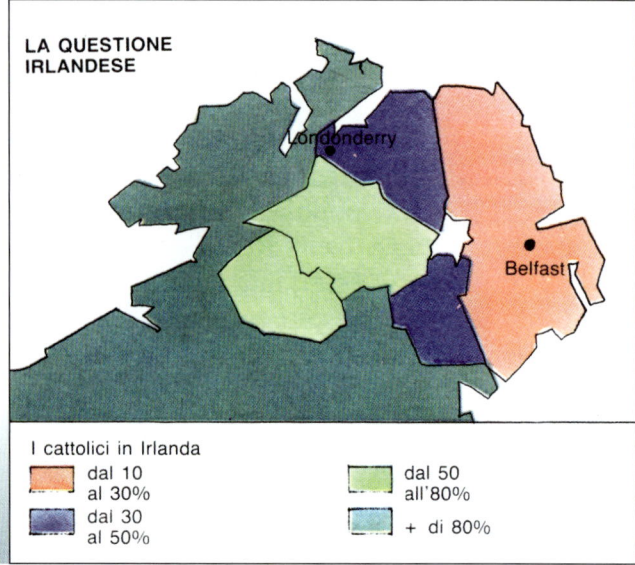

I cattolici in Irlanda
- dal 10 al 30%
- dal 30 al 50%
- dal 50 all'80%
- + di 80%

LA QUESTIONE IRLANDESE

Centinaia di persone sono morte, vittime di atti terroristici, a causa di contrasti religiosi. La questione irlandese, ancora purtroppo attuale, ha radici molto lontane e risale a quando l'Irlanda non volle aderire alla Riforma protestante in Inghilterra. La difesa del loro cattolicesimo divenne motivo per difendere la propria indipendenza. Nel Nord dell'Irlanda, gli Inglesi protestanti non intendono lasciare spazi alle minoranze cattoliche, così che cattolici irlandesi e protestanti inglesi del nord dell'Ulster, continuano ancora oggi a scontrarsi, gli uni per non perdere potere, gli altri per non perdere la propria autonomia.

Le migrazioni degli Europei

E' soprattutto tra il 1820 e il 1930 che l'emigrazione è impressionante. Solo verso gli Stati Uniti emigrano 65 milioni di persone, altri milioni si dirigono verso il Canada, l'Argentina il Brasile, l'Australia. Dapprima l'emigrazione interessa i Paesi Anglosassoni, Irlanda e Gran Bretagna, poi la Germania e infine, come sappiamo, in misura molto consistente anche l'Italia. Per circa 20 anni poi, per colpa di alcuni regimi totalitari l'emigrazione diminuisce di molto e solo alla fine degli anni Cinquanta, nel Secondo Dopoguerra si assiste ad una nuova ondata di emigrazione. Questa volta però il fenomeno è anche interno perché interessa soprattutto i paesi mediterranei come Italia, Spagna, Grecia, Portogallo ai quali si uniscono gli immigrati dalle ex colonie europee. Gli stati settentrionali europei come la Francia, la Germania, il Belgio e Svizzera grazie a un rapido sviluppo industriale segnano un notevole distacco dal resto dell'Europa.

- Il monumento agli scopritori innalzato a Lisbona nel 1960 a 500 anni dalla morte di Enrico il Navigatore

EMERGENZA IMMIGRATI

Paesi come la Francia e la Gran Bretagna vedono fin dagli anni Cinquanta un grande flusso migratorio proveniente dalle ex colonie. Questo tipo di immigrazione ormai si è ben integrata con il resto della popolazione. Molti cittadini stranieri in Francia, in Germania, in Inghilterra ne hanno acquisito la cittadinanza, ne hanno assimilato la lingua, gli usi e i costumi. In molte città europee, infatti, si sono formati anche interi quartieri composti da immigrati della stessa nazionalità. L'otto per cento della popolazione attiva in Francia è di origine straniera e così un lavoratore su quattro nella Germania Occidentale. A Berlino e ad Amsterdam c'è una forte presenza turca, a Londra troviamo in prevalenza Indiani e Pakistani.
In complesso gli immigrati in Europa occidentale sono circa 16 milioni.
In Italia invece, paese in cui l'immigrazione è un fenomeno abbastanza recente, il processo di integrazione è ancora all'inizio e a volte la presenza di lavoratori stranieri provoca forme di diffidenza e incomprensione.
Inoltre, in seguito alla caduta dei regimi comunisti, assistiamo in Europa ad una nuova immigrazione, questa volta interna, proveniente dai paesi dell'Est Europa. Cittadini dell'ex-Jugoslavia, della Polonia, della Romania, della Russia, dell'Albania sbarcano soprattutto nelle coste italiane in cerca di migliori condizioni di vita.
Di fronte a questo nuovo flusso migratorio, viste anche le difficoltà economiche e occupazionali che sta attraversando l'Europa c'è, da parte di molti, paura di perdere posti di lavoro, tanto che molti governi sono spinti a varare leggi restrittive per far fronte al prepotente e inarrestabile afflusso di immigrazione.

Come vivono gli Europei

L'Europa nel suo complesso è un continente **economicamente sviluppato**, basti pensare che Francia, Germania, Gran Bretagna e Italia rientrano tra gli Stati più ricchi del mondo. Ma in alcune aree, specie nell'Europa dell'Est, tale sviluppo è ancora modesto.
Il grado di ricchezza, espresso dal **PIL** (prodotto interno lordo), cioè la ricchezza prodotta da un paese, in un anno, da tutte le sue attività economiche, come abbiamo visto anche per l'Italia, ci dà l'idea della **qualità di vita** delle persone. Per valutare ciò bisogna tener conto anche di altri fattori: **istruzione, sanità, servizi, cultura, speranza di vita, autoveicoli, mezzi di comunicazione**, ecc..
Infatti, se calcoliamo il **reddito pro-capite**, la graduatoria cambia e al primo posto troviamo paesi come il Lussemburgo (30 mila euro all'anno per persona), la Danimarca e la Svizzera. All'ultimo posto troviamo Paesi ancora poveri come la Moldavia, l'Albania. L'Italia è al centro di questa graduatoria.

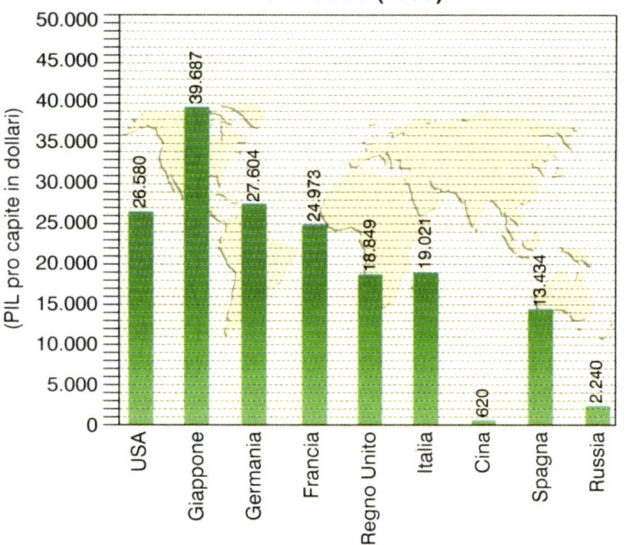

LA QUALITÀ DELLA VITA VARIA DA UNA ZONA ALL'ALTRA

Negli Stati dell'area più ricca d'Europa: Germania, Gran Bretagna, Paesi Bassi, Francia, Belgio, Svizzera, Paesi Scandinavi, i cittadini oltre al reddito piuttosto alto possono usufruire di numerosi servizi e infrastrutture di qualità. Non mancano anche in queste nazioni differenze tra le aree del Nord e alcune regioni interne.
Gli Stati della fascia del Mediterraneo: Italia, Spagna, Portogallo, Grecia, pur con redditi poco inferiori ai primi, hanno ancora un livello di qualità di vita più modesto. Nel caso dell'Italia ciò è dovuto ancora ai notevoli squilibri economici e sociali tra le regioni centro-settentrionali e quelle meridionali.

Infine in tutti i Paesi dell'Europa dell'Est dove il reddito medio dei cittadini è basso, la qualità di vita in termini di beni di consumo è ancora molto distante dal resto dell'Europa, contrariamente agli indicatori culturali che in questi Paesi sono rimasti sempre a livelli elevati.

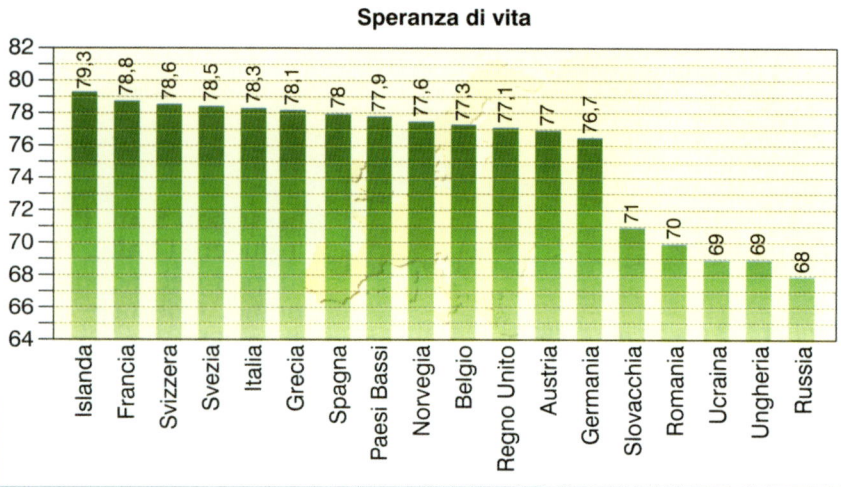

 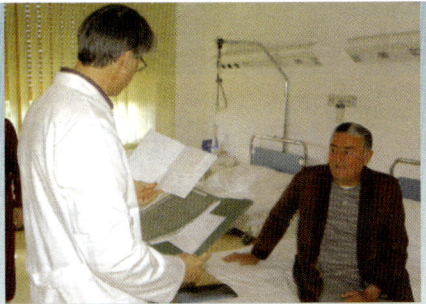 

Lo stato sociale: welfare state

Anche negli altri Paesi europei, come in Italia, i vari Stati mantengono un'azione di controllo su alcuni settori dell'economia e gestiscono direttamente alcuni servizi. Garantiscono l'istruzione gratuita per un certo numero di anni, forniscono l'assistenza sanitaria a tutti i cittadini, provvedono attraverso enti al pagamento delle pensioni, prevedono forme di sussistenza ai disoccupati. Questo insieme di servizi è noto con il nome di Welfare State, ovvero Stato Sociale. In questi ultimi anni tutta l'Europa, sta attraversando un periodo di crisi a tal riguardo e una certa difficoltà a reperire i fondi per garantire tali servizi. Insieme a forme di tassazione più elevate adottate da alcuni Stati, come per i Paesi Scandinavi, altri tendono a ridurre i servizi offerti gratuitamente e a mantenere eventualmente solo quelli rivolti ai cittadini più bisognosi.

La disoccupazione

In Europa, oggi, pur in maniera diversa nei vari Stati, il numero maggiore di occupati è presente nel settore terziario e in netta diminuzione nel primario e nel secondario. Ciò a significare certamente un crescente e diffuso sviluppo economico. Tuttavia l'Europa presenta un elevato **tasso di disoccupazione** che è passato dai 5 milioni di alcuni anni fa ai 18 milioni di disoccupati alle soglie del duemila. Il problema interessa soprattutto i giovani (il 18%) in cerca di prima occupazione. Molte possono essere le cause: c'è chi afferma che accanto ad una maggiore meccanizzazione e informatizzazione del mondo del lavoro, in Europa esiste un mercato del lavoro troppo rigido, con una legislazione severa che obbliga i datori di lavoro a costi troppo elevati. Il dibattito è aperto e complesso anche in Italia dove accanto a tali opinioni c'è la paura di perdere alcuni fondamentali diritti dei lavoratori rivendicati e acquisiti attraverso dure battaglie sindacali.

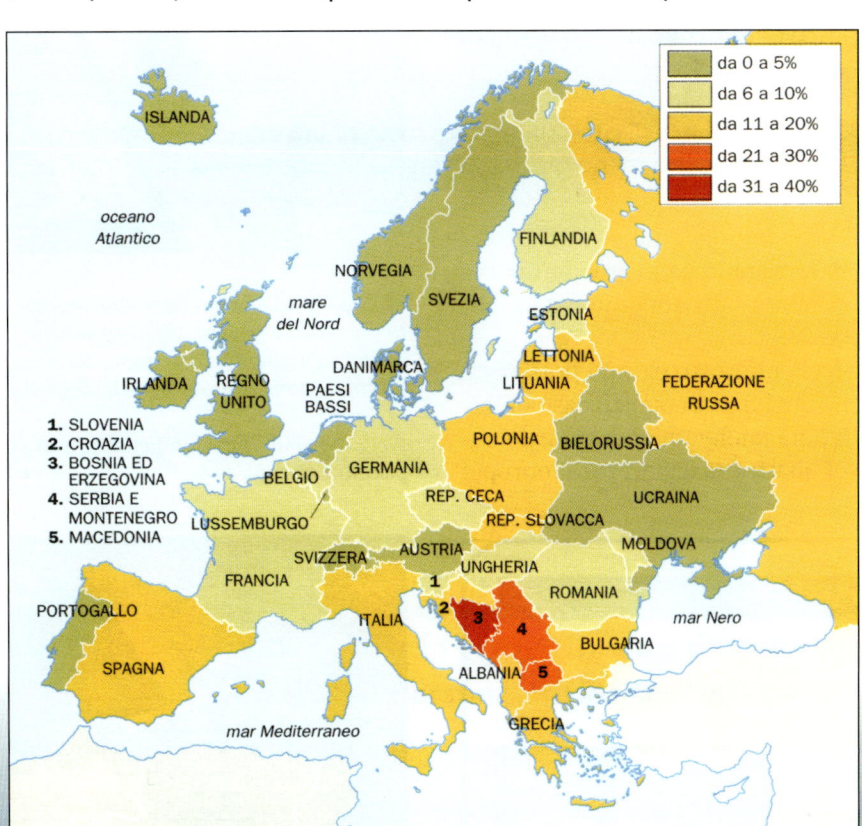

Dove vivono gli Europei

La popolazione europea è distribuita in una quarantina di Stati, alcuni dei quali molto estesi, altri di dimensioni piccolissime. Il più vasto è la Russia (la parte asiatica è addirittura tre volte maggiore). Il più piccolo Città del Vaticano, in Italia. La Russia è ancora prima per ciò che riguarda per popolazione con i suoi 115 milioni di abitanti, seguono la Germania con 82 milioni, e quasi a parità tra 59 e 57 milioni Gran Bretagna, Francia, Italia. Le maggiori differenze si registrano tuttavia nella distribuzione, cioè nella **densità media** della popolazione: Stati piccoli come Monaco (16000 ab. per chilometro quadrato), Malta (1000 ab /kmq), S. Marino (400 ab/kmq), seguono i Paesi bassi (375), il Belgio (334), la Gran Bretagna (241) e la Germania (230). Contrariamente troviamo la Norvegia (13), la Finlandia (15), la Svezia (19), per arrivare all'Islanda con i suoi 2 ab. per kmq.

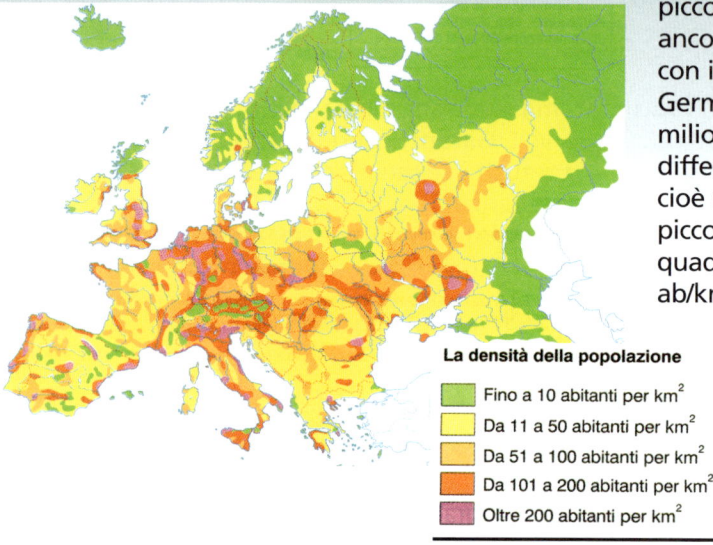

La densità della popolazione
- Fino a 10 abitanti per km²
- Da 11 a 50 abitanti per km²
- Da 51 a 100 abitanti per km²
- Da 101 a 200 abitanti per km²
- Oltre 200 abitanti per km²

I motivi di questa diversa distribuzione sono vari. In passato le persone si insediavano dove le condizioni climatiche e del territorio erano favorevoli, oggi la gente si sposta dove ci sono più possibilità di lavoro: lungo le coste, vicino ai grandi porti, lungo le aree dei fiumi navigabili e accanto alle grandi vie di comunicazione. Tutte queste caratteristiche si ritrovano soprattutto nella fascia centro-occidentale dell'Europa come possiamo vedere dalla cartina.

TANTE CITTÀ

Un gran numero di città, un elevato tasso di **urbanizzazione**. Oggi circa due terzi della popolazione europea vive in città più o meno grandi. Diversi sono i motivi, ma sicuramente quello più determinante è dovuto all'alto grado di industrializzazione, specie nelle aree centro-occidentali, prima fra tutti la Gran Bretagna dove il 90% della popolazione vive nelle città. In altre aree, Spagna e Italia Meridionale, alcune attività economiche praticate nel passato come la presenza di latifondi, spingevano le persone ad accentrarsi in centri abitati. A questi motivi si aggiungono anche fattori climatici come avviene nelle regioni nordiche dove, per affrontare meglio i freddi polari le popolazioni indigene si concentrano nelle città.

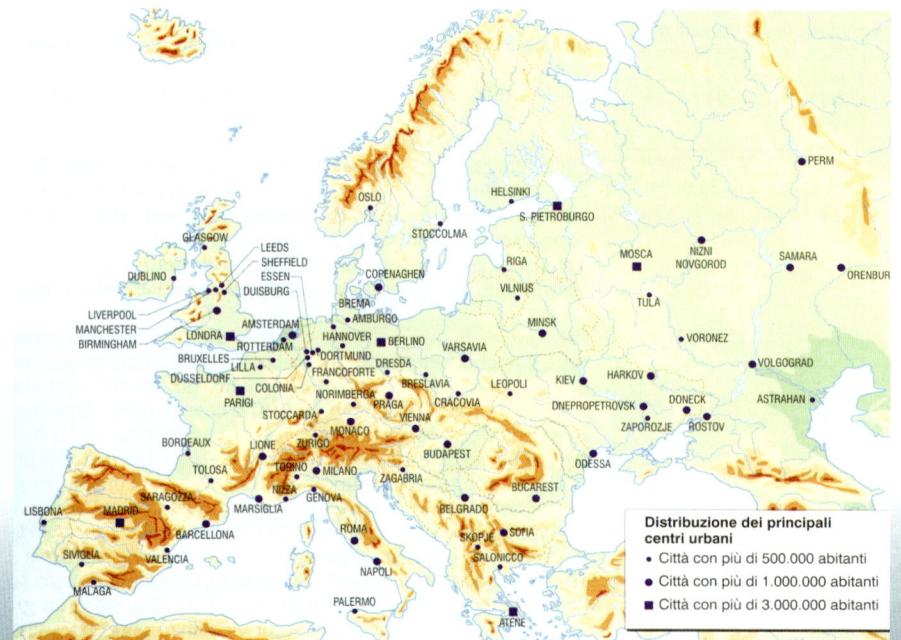

Distribuzione dei principali centri urbani
- Città con più di 500.000 abitanti
- Città con più di 1.000.000 abitanti
- Città con più di 3.000.000 abitanti

Breve quadro storico delle città europee

In nessuna parte del mondo, forse, le città hanno avuto così importanza come in Europa per lo sviluppo sia civile che economico.

Le più antiche città europee si trovano tutte nell'area mediterranea sorte ad opera di antiche civiltà come **Fenici**, **Cartaginesi**: Cadice, Malaga, Cagliari, Palermo o dai **Greci**: Siracusa, Agrigento, Marsiglia, Taranto.

Si deve ai Romani la nascita dei principali centri di questo continente. Infatti prima della conquista romana molte città del Nord Europa non esistevano. Furono proprio i Romani a costruire le prime vere città dell'Europa continentale: circa 400. Alcune nacquero come ampliamento di villaggi, ma la maggior parte erano accampamenti militari: Manchester, Lancaster, Lione, Parigi, Vienna, Colonia, Aquisgrana, Budapest, Londra, Francoforte. Erano costruite a tipica pianta ortogonale legata al tracciato del *cardo maximus* e del *decumanus maximus*, suddivise in poderi ben lavorati, solcate da strade che convergevano verso un centro abitato.
Molte di queste, alla caduta dell'Impero Romano, decaddero.

Nell'**età medioevale**, la rinascita dei commerci permette un nuovo impulso allo sviluppo delle città. Molte si ripopolano ed altre vengono fondate. Per il poco spazio a disposizione all'interno delle mura, si costruisce in modo molto irregolare, con vie strette e case addossate le une sulle altre. Questo fenomeno interessa soprattutto l'Italia, la Francia, l'Olanda, il Belgio, l'Inghilterra.

• Città medievale, Brugge   • Città medievale

benvenuti in Italia - VOLUME 2

B L'Europa

In Francia, in Inghilterra, in Spagna e in altre aree dell'Europa Centrale e Meridionale nascono gli Stati Nazionali e le loro città diventano grandi capitali dove si concentrano le maggiori funzioni politiche e amministrative. Nei secoli successivi, nell'epoca rinascimentale e barocca, le città si abbelliscono, si ampliano, si estendono nei territori circostanti. Sorgono piazze, fontane, grandi palazzi di rappresentanza, splendidi giardini. Roma diviene un modello per le maggiori capitali europee come Parigi, Londra, Vienna, Madrid, Berlino.

• Vienna

• Madrid

Da capitali a metropoli

Londra, Parigi, Mosca da capitali sono diventate ormai metropoli internazionali

Londra ha quasi 7 milioni di abitanti (12 con i suoi agglomerati). Sorta sulle rive del Tamigi e attraversata da secoli di storia che ne hanno fatto un miscuglio unico e irrepetibile. Da città fortemente industrializzata nel secolo scorso, oggi è uno dei più grandi centri finanziari del mondo, oltre che una città d'arte e di cultura. Le attività principali della popolazione riguardano il terziario: banche, assicurazioni, borsa, turismo, case editrici, commercio, spettacoli. **La City** con le sue banche e la Borsa è il cuore finanziario di Londra.

• Londra

• Parigi

L'espressione "Parigi è la Francia" ci fa capire come questa città, con i suoi oltre 10 milioni di abitanti, rappresenti il fulcro della vita francese. Circondata da un'immensa campagna, Parigi con il suo straordinario passato, è una città vivace culturalmente, ricca di fascino, cosmopolita: antiche e famose università (La Sorbona), biblioteche, musei (il Louvre), teatri, case di moda, boutiques, profumerie, centri ed enti culturali richiamano studiosi e artisti da tutto il mondo. Re ed imperatori ieri, presidenti oggi, continuano gli incessanti interventi urbanistici che la rendono sempre nuova ed attraente così da fare di Parigi una città d'arte e di turismo ai primi posti nel mondo.

• Berlino

• Mosca

Diventata capitale nel 1918, dopo la Rivoluzione Russa (1917), Mosca conta quasi 9 milioni di abitanti ed è la capitale del più grande stato del mondo. Mosca è famosa soprattutto per il suo centro storico, il Cremlino che è uno dei complessi architettonici più grandiosi del mondo e che si affaccia nell'altrettanto famosa Piazza Rossa. Ma Mosca è oggi soprattutto una grande città industriale, ricca di imponenti e severi palazzi che le danno un'immagine di austerità ed efficienza secondo lo spirito politico dei passati regimi socialisti.

L'Oceano Atlantico
E I GRANDI PORTI DELL'EUROPA OCCIDENTALE

Per migliaia di chilometri, dal golfo di Cadice a Capo Nord, l'Europa si affaccia al grande Oceano Atlantico che fa confine occidentale del continente. L'Oceano Atlantico, separato dal mar Mediterraneo dallo Stretto di Gibilterra le famose colonne d'Ercole, ha sempre suscitato nel passato, timori e paure. Anche Dante nella Divina Commedia lo chiama "mondo sanza gente". Superate le paure e acquisite nuove conoscenze di navigazione, l'Oceano non fa più paura e questo mare diventa il punto di partenza per naviganti e conquistatori e diviene una grande via per gli scambi e i commerci.

Tra il '300 e il 500 avvengono le grandi esplorazioni e la conquista di nuove terre d'oltreoceano. Esempio ne è il Portogallo, che grazie alla sua posizione sull'oceano, diviene una potenza marittima (da qui parte Cristoforo Colombo, Enrico il Navigatore) e conquista un vasto impero coloniale tra cui il Brasile. Lisbona diviene così, un grande centro di studio e di ricerca per le scoperte geografiche, famoso per tutti i naviganti e cartografi del tempo. Il prestigio portoghese e spagnolo viene a decadere per la concorrenza di altri centri.

• Porto di Amburgo

• Rotterdam

Le Havre, Nantes, Bordeux in Francia, Anversa in Belgio, Londra e Liverpool in Inghilterra, ma soprattutto Amsterdam diventano porti marittimi di grande prestigio e sedi di grandi commerci. Nell'era dell'industrializzazione poi, i grandi porti, grazie alle ricchezze energetiche presenti in quelle aree e alla possibilità di costruire più nuove e sempre più veloci navi, si spostano nei mari del Nord e diventano delle vere "piattaforme" portuali, fluviali e marittime: Anversa, Rotterdam, Amburgo, Amsterdam sono ancora oggi i maggiori porti del continente.

Nei secoli successivi, intorno al Seicento si sviluppano altri grandi porti sulle coste atlantiche del nord Europa: Anversa in Belgio, ancora oggi secondo porto europeo, Amsterdam e Rotterdam in Olanda.

B L'Europa

benvenuti
IN ITALIA

B L'Europa

Esercizio A

SCELTA MULTIPLA

Europa vuol dire
- ☐ colei che ha grandi occhi
- ☐ colei che vive vicino al mare
- ☐ la sorella di Giove

L'Europa confina con
- ☐ l'America
- ☐ l'Asia
- ☐ L'Australia

L'Europa è situata
- ☐ nell'emisfero Nord
- ☐ nell'emisfero Sud
- ☐ all'Equatore

L'Europa ha un clima
- ☐ torrido
- ☐ molto freddo
- ☐ temperato

La formazione europea è
- ☐ molto giovane
- ☐ molto vecchia
- ☐ scarsa

Esercizio B

METTI A POSTO
Indica con N se è lingua neolatina, con G se è lingua germanica e con S se è lingua slava.

portoghese ☐   norvegese ☐   rumeno ☐   italiano ☐   svedese ☐
polacco ☐   sloveno ☐   russo ☐   croato ☐   tedesco ☐
spagnolo ☐   francese ☐

benvenuti in Italia - VOLUME 2

Esercizio C

Vero / Falso

	VERO	FALSO
1. La religione cristiana è stata un elemento di identità dei Popoli Europei	☐	☐
2. I cattolici sono più numerosi nella Germania Settentrionale	☐	☐
3. I protestanti sono diffusi in Europa Settentrionale	☐	☐
4. Gli ortodossi sono diffusi nell'Europa Orientale	☐	☐
5. In Europa ci sono anche ebrei e musulmani	☐	☐
6. I Russi in maggioranza sono cristiani anglicani	☐	☐
7. Gli Inglesi in maggioranza sono ebrei	☐	☐
8. I musulmani sono presenti in Italia e in Francia	☐	☐
9. Roma è il centro della religione ebraica	☐	☐
10. Roma è il centro della religione cattolica	☐	☐

Esercizio D

Trova le capitali

Metti in corrispondenza Capitale Stato

Francia ────────────	Mosca
Belgio	→ Parigi
Russia	Berna
Svizzera	Bruxelles
Germania	Berlino
Grecia	Lisbona
Spagna	Londra
Portogallo	Atene
Inghilterra	Madrid
Turchia	Amsterdam
Repubblica Ceca	Tirana
Repubblica Slovacca	Praga
Polonia	Ankara
Olanda	Varsavia
Svezia	Bratislava
Romania	Stoccolma
Ungheria	Bucarest
Albania	Budapest

Esercizio E

SULLA CARTINA
Ricerca insieme all'insegnante le catene montuose europee e scrivine i nomi

....
....

Esercizio F

SULLA CARTINA
Descrivi il percorso dei seguenti fiumi

Danubio   Reno   Senna   PO   Tamigi   Volga   Don

Esercizio G

SULLA CARTINA

Per andare a Mosca in macchina partendo da Milano quali Stati bisogna attraversare?
....

E per andare a Stoccolma?
....

E per andare ad Ankara?
....

Esercizio H

TOGLI I NOMI DELLE NAZIONI EUROPEE
Le lettere che restano ti daranno il nome di una capitale

V	S	P	A	G	N	A	A	N
B	F	A	I	N	A	M	O	R
U	O	U	I	F	G	R	E	C
I	A	S	R	L	N	R	I	B
G	E	R	M	T	V	G	L	A
T	O	P	M	A	A	R	E	A
A	N	A	S	O	A	R	N	I
G	R	N	C	L	N	L	L	S
I	A	I	I	D	I	I	I	O
T	A	A	A	A	A	I	A	A
A	N	I	A	A	V	I	A	A

Spagna
Bulgaria
Norvegia
Austria
Romania
Francia
Grecia
Italia
Bosnia
Germania
Malta
Polonia
Finlandia

Esercizio I

ELIMINA L'INTRUSO

1. Austria, Francia, Germania, Egitto, Italia
2. Po, Don, Mississippi, Danubio, Senna
3. Alpi, Appennini, Himalaia, Pirenei, Caucaso
4. Indiano, italiano, russo, portoghese, francese
5. Mare del Nord, Mar Baltico, Mar Mediterraneo, Mar Caspio, Mar Nero

Esercizio L

VIAGGIO IN FRANCIA
Risolvi il puzzle. Le 7 lettere rimaste ti diranno il nome di una "costa" molto famosa

B	M	O	N	T	A	G	N	E
E	O	P	O	R	T	I	R	A
U	P	R	Z	Z	Z	V	A	A
G	A	U	G	Z	U	N	T	T
R	R	O	A	O	N	I	R	T
A	I	D	L	E	G	R	A	I
M	G	I	S	E	N	N	A	C
A	I	L	G	I	S	R	A	M
C	A	L	P	I	M	U	I	F

ALPI	FIUMI	MONTAGNE
BORGOGNA	GITA	NIZZA
CAMARGUE	LIDO	PARIGI
CANNES	LOUVRE	PORTI
CITTÀ	MARSIGLIA	SENNA

Esercizio M

LA CITTÀ MISTERIOSA
Risolvi gli indovinelli

1. Città di arte e di turismo. Il Louvre è uno dei suoi musei
2. Il Cremlino è il suo complesso architettonico più famoso
3. Sorge sulle rive del Tamigi
4. E' la capitale dell'Austria
5. Si parla spagnolo. C'è il Prado
6. Ha un'acropoli con il Partenone e si trova sul Mare Egeo
7. È sede della Commissione Europea
8. Ha davanti sé l'Oceano Atlantico. È la capitale più ad Ovest

- *Parigi*
-
-
-
-
-
-
-

Esercizio N

SOTTOLINEA LE PREPOSIZIONI E RISCRIVILE NELLA TABELLA

Tra il '300 e il 500 avvengono le grandi esplorazioni e la conquista di nuove terre d'oltreoceano. Esempio ne è il Portogallo, che grazie alla sua posizione sull'oceano, diviene una potenza marittima (da qui parte Cristoforo Colombo, Enrico il Navigatore) e conquista un vasto impero coloniale tra cui il Brasile. Lisbona diviene così, un grande centro di studio e di ricerca per le scoperte geografiche, famoso per tutti i navigatori e cartografi del tempo. Il prestigio portoghese e spagnolo viene a decadere per la concorrenza di altri centri.

PREPOSIZIONI SEMPLICI	PREPOSIZIONI ARTICOLATE
TRA	ALLA

Esercizio O

METTI IN CORRISPONDENZA CHI USA

Sì → francese
Oui   italiano
Ja   tedesco
Da   portoghese
Jes   russo
        inglese
        rumeno
        spagnolo
        polacco
        olandese

Esercizio P

SCEGLI L'AGGETTIVO GIUSTO

1. Stato — nazionale/regionale
2. Territorio — grosso/vasto
3. Popolazione — industriale/attiva
4. Città — culturale/metropolitana
5. Palazzo — antico/giovane
6. Museo — meteorologico/archeologico
7. Confine — definito/finito
8. Posizione — geografica/storica
9. Condizioni — climatiche/autonome
10. Immigrazione — delicata/clandestina

Note di storia

B modulo

l'Italia di ieri
IL MEDIOEVO

Il Medioevo

Il Medioevo è stato chiamato così dagli storici successivi perché è considerato "l'età di mezzo" tra l'età antica e l'età moderna. Gli storici gli assegnano tre date importanti:

476	1000	1492
alto medioevo		basso medioevo

L'inizio, il 476 d.C., anno della caduta dell'ultimo imperatore d'Occidente.
L'anno 1000 come "spartiacque", divisione tra l'Alto e il Basso Medioevo.
La fine, il 1492, anno della scoperta dell'America.
In questi mille anni di storia lo scenario non è più l'area del Mediterraneo ma l'Europa Occidentale.

• Mercato di Bologna

Nel primo periodo 476-1000 chiamato anche **Alto Medioevo**, l'Italia è terra di conquista, passa secoli di sofferenze, di carestie, di confusione. Soltanto la Chiesa contribuisce a dare sicurezza e stabilità alla popolazione.

Nel periodo 1000-1492, chiamato **Basso Medioevo**, si vede una rinascita economica e sociale. L'Italia è divisa in tanti Stati sotto il dominio di sovrani stranieri.

• I barbari

Vita nel castello

Dietro la palizzata di legno nei primi castelli si trovano: la torre, la casa del signore, le case dei contadini, gli spazi comuni. La **torre** viene costruita nel punto più alto, è di legno, di solito ha tre piani, è quadrata o rettangolare. In tempo di pace nessuno abita nella torre, c'è solo chi sta a guardia e controlla dall'alto l'arrivo dei nemici. La torre non ha né porte né finestre a piano terra per non offrire ai nemici un accesso facile. Si entra nella torre al secondo piano con una scala di legno che si può ritirare. Qui c'è lo spazio per vivere in caso di assedio e qui vengono immagazzinati cibo, acqua e armi. Dalla cima della torre i soldati scagliano agli assedianti frecce, pietre, olio bollente, ecc.

I combattimenti avvengono presso le mura del castello e mirano a prendere il nemico per fame, impediscono agli assediati di uscire dal castello e si cerca di entrare con qualsiasi mezzo. Si cerca di sfondare con macchine da guerra (arieti), si lanciano sassi con catapulte, si lanciano frecce infuocate con archi e balestre, si tenta di scavalcare la palizzata addossando torri mobili. Inizialmente i castelli non hanno abitazioni, ci si rifugia solo in caso di pericolo. Gradualmente accanto alla torre si comincia a costruire la **casa del signore**. Di solito un valvassore, non un feudatario importante che riceve il beneficio direttamente dall'imperatore. La casa è a due piani quasi tutta di legno, con il tetto a tavolette inchiodate, più resistente dei tetti di paglia delle case contadine. La stanza principale è la sala dove il signore riceve gli ospiti e dove si svolgono i banchetti. E' riscaldata da un focolare e da bracieri, il pavimento è di legno o di terra battuta. Ci sono pochi mobili: un tavolo, delle cassapanche, delle stanghe alle pareti per appendere il necessario.

Il sistema feudale

Carlo Magno riesce a governare il suo vasto Impero in maniera molto efficace. Divide le regioni in **FEUDI**, **contee**, situate all'interno e **marche**, situate sui confini e militarizzate. L'imperatore ha anche dei "controllori", i **missi dominici**, che visitano tutti i feudi e controllano che tutti rispettino i **Capitolari**, le leggi emanate dall'Imperatore.
I feudi sono dati in beneficio: il **feudatario** o **vassallo** (colui che lo riceve) fa atto di fedeltà al suo signore. I feudi diventano ereditari, se sono grandi il feudatario può a sua volta affidare una parte del feudo ad altri uomini fidati che lega a sé con lo stesso giuramento di vassallaggio: sono i **valvassori**.
La società feudale è piramidale: tutto fa capo all'imperatore, a lui sono dovute **corvèe** (servizi gratuiti) e **decime** (la decima parte) dei prodotti.

I MONASTERI
Centri vitali di sviluppo e di sostegno al popolo diventano i monasteri. In Italia San Benedetto da Norcia fonda nel 529 il Monastero di Montecassino e detta la sua Regola: Ora et Labora (prega e lavora). I monaci trascrivono i libri antichi a mano su carta pecora o papiro facendo dei bellissimi disegni come capolettera (miniature). Questo paziente lavoro ha permesso che tanta cultura classica potesse essere conosciuta anche in epoche molto lontane.
I Benedettini (così si chiamano i monaci seguaci di San Benedetto) hanno bonificato terreni paludosi e dissodato terreni incolti, hanno contribuito alla diffusione di certi attrezzi agricoli che hanno reso più facile la coltivazione.

Vita quotidiana

Il **signore** vive delle rendite delle sue terre coltivate dai suoi contadini. Il signore riceve le rendite in natura o in denaro. Amministra la giustizia. Va a caccia nei suoi terreni.
Molti signori ricevono il **feudo** in beneficio in quanto **cavalieri**. Dal feudo devono ricavare il necessario per armarsi: un cavallo, delle armi e un'armatura di ferro.

LA CASA DEI POVERI
La casa dei contadini poveri è di solito sulla cinta delle mura. E' composta di una sola stanza. E' fatta di legno e ha il tetto di paglia. Non ha pavimento. Al centro della stanza c'è il focolare e quando è acceso la stanza è piena di fumo, perché non esiste il camino. E' illuminata dalla luce che entra dalla finestra o da una finestra che non ha vetro, né imposta e che lascia passare il freddo, il caldo, l'umidità. La vita del contadino si svolge quasi tutto il giorno all'aperto nei campi. La casa serve solo per mangiare e per dormire.

LA CASA DEI RICCHI
In genere è formata da due stanze: una serve da cucina, una da camera. La cucina è al piano superiore o in un angolo della casa. A tetto, perché il fumo possa uscire tra le fessure delle travi o attraverso un buco fatto apposta.
In un angolo c'è l'acquaio, cioè il contenitore dell'acqua, e sul muro uno spazio per le mensole alle quali appendere pochi oggetti.
La camera dei ricchi è di forma quadrata o rettangolare e serve a tutta la famiglia per dormire, ma anche per i pranzi festivi.

• Giullare che fa saltare la lepre in un cerchio

Il pavimento è di tavole o mattoni. Solo nei palazzi dei grandi signori ci sono pavimenti di marmo o di pietra. Il soffitto è di travi di legno che si incrociano tra loro e che in seguito saranno dipinti con colori vivaci così come saranno dipinte, con affreschi, le pareti. La vita del contadino si svolgeva quasi tutto il giorno all'aperto nei campi. La casa serviva solo per mangiare e per riposarsi.

IL RIPOSO NOTTURNO

I più poveri dormono per terra su un sacco o su una coperta. Gli altri dormono su sacchi imbottiti con foglie di mais o di paglia posti sopra tavole di legno. Si dorme vestiti.
Questi usi si sono conservati nelle nostre campagne fino a tutta la prima metà del secolo XX.
I borghesi e gli aristocratici già da allora dormivano in letti veri su materassi di vegetale, tra lenzuola di panno fine, coperte di cotone o di lana, piumini, pellicce.
Il letto aveva un baldacchino ed era chiuso da tende.
In occasione delle feste o di qualche ricevimento in cime al letto venivano appese stoffe preziose. Tutte queste stoffe di maggior pregio venivano conservate in grandi casse di legno poste proprio vicino al letto medesimo.
Ben presto si costruisce il camino che riscalda le camere dei ricchi insieme ai bracieri di carbone ardente.
Durante i periodi di guerra i proprietari terrieri costruiscono all'interno delle mura delle città le "case-torri", per difendersi dai nemici.
Queste torri danno, ancora oggi, alle città un aspetto caratteristico.

• L'anno del contadino e la vita dell'uomo

LA TAVOLA PER MANGIARE

Esiste una tavola per mangiare formata da un piano di legno appoggiato su due cavalletti. Non è fissa. Viene tolta alla fine del pasto.
Le sedie sono sgabelli o tavole poste sopra sgabelli o cavalletti. Senza schienale per appoggiarsi.
Si mangia nella stessa scodella, almeno in due. Si puliscono le mani con il proprio fazzoletto o con la tovaglia. I piatti sono scodelle di legno così come pure le posate (i cucchiai).
Le forchette e anche i coltelli (d'avorio), le brocche d'argento, i piatti di ceramica, le tovaglie ricamate, i tovaglioli personali sono presenti solo nelle tavole dei ricchi.

I PASTI

I pasti sono due. La mattina e la sera.
Il cibo principale è il pane. Gli alimenti si chiamano appunto "companatici", perché accompagnano il pane.
Si mangia anche verdura, frutta, legumi, pasta, pesce, carne soprattutto di pollo, di maiale, selvaggina.
La bevanda quotidiana è l'acqua o vino allungato con acqua. Vino puro si beve all'osteria e solo fra uomini.
Si fa uso di spezie. Di sale e di abbondante pepe. Nelle case dei ricchi esiste la merenda a metà giornata.

L'ACQUA

Il problema principale della gente è quello dell'acqua.
L'acqua si prende dalle fontane pubbliche o dalle cisterne comuni che spesso raccolgono acqua piovana. Solo i palazzi aristocratici hanno un pozzo privato.
Le acque di scarico, anche se era vietato, venivano mandate direttamente sulla strada anche dalle finestre in alto. Il bagno? Non esisteva.
La gente comune usava un angolo un po' nascosto della strada.
Giovanni Boccaccio ci descrive un luogo dove potremmo immaginare un prototipo di water: due travi sul terreno, sopra le travi due tavole di legno. Lì sopra ci si sedeva. Dice ancora che lo svuotamento periodico avveniva a spese del proprietario.
Per lavarsi invece si usavano tinozze e si ha notizia dallo stesso Boccaccio che le donne dedicassero il sabato alle grandi pulizie di casa e all'igiene personale.
Il viso delle nobildonne doveva essere bianco, pallido. I capelli biondo dorato dovevano essere lavati una volta alla settimana ed asciugati al sole.
Il corpo delle donne doveva essere depilato.

L'ABBIGLIAMENTO

Anche nell'abbigliamento c'è una grande differenza tra le classi sociali.
I poveri si coprono con tessuti grezzi.
I ricchi indossano vesti confezionate con stoffe preziose.
I giudici e i notai usano vestiti rossi, indossano le calze e, d'inverno, gli stivali.
I poveri usano zoccoli, cioè calzature con suola di legno e non portano le calze.
Tutti gli uomini indossano un abito stretto in vita da una cintura e più o meno lungo da sembrare una gonna.
Le donne hanno abiti lunghi fino ai piedi. Non esiste il reggiseno, ma un corsetto che dà al seno una posizione eretta ed una forma rotonda.
Le donne del popolo portano sulla testa una benda che è bianca per le donne sposate, nera per le donne vedove.
Le nobildonne coprono il capo con turbanti, si adornano con gioielli e camminano su scarpe con tacchi molto alti.

IL TEMPO

Il tempo e i suoi ritmi giornalieri sono regolati dal suono delle campane delle chiese dei monasteri, degli edifici pubblici.
La campana suona per indicare l'inizio e la fine della giornata, ma anche come allarme per avvisare di disastri, di incendi, di crolli, di disastri.
La campana, con suoni e rintocchi ben distinti e riconoscibili, convoca il popolo per comunicare avvenimenti festosi o lutti cittadini, per chiamare alla preghiera, alla guerra, alla pace, ecc.

Il signore controlla ed è padrone di tutta la vita dei contadini. Decide che i matrimoni siano tra abitanti dello stesso villaggio per impedire che si perdano braccia per il suo feudo. Tutta la famiglia del contadino partecipa al lavoro dei campi. Anche i bambini fanno quello che possono dal momento che non vanno a scuola. Indossano abiti di tela grezza non tinta. Le condizioni igieniche sono precarie. Ci si lava nel fiume d'estate o in una tinozza d'inverno. L'acqua dei pozzi è riservata per bere e per cucinare. La monotonia è interrotta da poche occasioni di svago. Le feste soprattutto religiose sono l'occasione per incontrarsi e per dimenticare le fatiche quotidiane, per mangiare bene e per ballare e assistere a spettacoli in piazza con giullari e cantastorie.

I PIACERI DEL SIGNORE

In un manuale dell'epoca sono indicati i piaceri del signore. Caccia, pesca, scherma, fare musica, giocare con i dadi, mangiare e bere, ascoltare i canti, guardare il ballo degli orsi, ricevere gli ospiti, parlare con le signore, passeggiare, scaldarsi, ammirare la neve.

L'anno 1000: la rinascita

"Quando i mille anni saranno compiuti, satana verrà liberato dal suo carcere e uscirà per sedurre le nazioni ai quattro punti della terra... per adunarli alla guerra, il loro numero sarà come la sabbia del mare." (Apocalisse 20,7-8)

• I quattro cavalieri dell'apocalisse

Queste parole ascoltano gli uomini dell'anno 1000 dai pulpiti delle chiese e dai predicatori nelle piazze e immaginano **la fine dei tempi** quando quell'anno arriverà. Le incursioni dei barbari sono vissute quotidianamente come i terribili Quattro Cavalieri dell'Apocalisse: mostri infernali, fame, peste, guerra. Scene terrificanti riguardanti il giudizio finale sono dipinte in tutte le chiese per richiamare l'uomo alle virtù.
L'anno Mille arriva, il mondo non finisce, anzi terminano gradualmente le invasioni barbariche perché Normanni e Ungari si dedicano all'agricoltura, diventano sedentari e si convertono al cristianesimo.

L'AUMENTO DELLA PRODUZIONE AGRICOLA

Con la fine delle devastazioni da parte dei barbari gli uomini si dedicano con maggiore sicurezza all'agricoltura e si adoperano per portare dei miglioramenti nelle tecniche di produzione. Vengono applicate le ruote all'aratro, che viene modificato aggiungendo un **versoio** di ferro che rovescia le zolle durante l'aratura la quale risulta anche più profonda. Viene inventato l'**erpice**, che serve a rompere le zolle e a ricoprire i semi. Viene applicato un **collare rigido** alle bestie che tirano l'aratro poggiato sulle spalle in sostituzione del collare lento che strangolava l'animale. Si diffonde anche l'uso di ferrare i cavalli.
Si comincia ad usare il **mulino ad acqua**, che viene usato per macinare il grano, le olive, forgiare il ferro.
I mulini vengono costruiti dal signore del feudo che esige una tassa da parte di chi li usa.

CURIOSITÀ

Dopo il Mille si ha notizia che si diffondono i **bottoni** sugli abiti. Viene usato il **sapone duro** al posto della pasta di sapone. Vengono messi i **vetri** alle finestre e le **canne fumarie** ai focolari, ciò fa del camino il luogo di conversazione della casa.

B L'Italia di ieri

LA POPOLAZIONE AUMENTA

Le nuove tecniche agricole fanno aumentare la produzione al punto da creare abbondanza di prodotti. Subito la popolazione aumenta. Fuori dalle mura del borgo si costruiscono case. Riprendono le attività commerciali e artigianali. Ricomincia a circolare la moneta e viene abbandonato il sistema del baratto.

• La città fuori le mura

VA AD ABITARE IN CITTÀ

Numerosi artigiani e imprenditori danno vita a scambi (fiere e mercati). Nuove attività attirano la gente delle campagne verso la città per cercare lavoro, per migliorare le proprie condizioni di vita.
Vengono fondate nuove città. È il periodo di nomi di numerose città come **Cittanuova** e le **Villanova**.
Il bisogno di cibo abbondante spinge la coltivazione di nuovi terreni.
A poco a poco il grande feudatario (il signore, cioè che domina il territorio) perde potere e nascono i **liberi Comuni**.

NASCONO NUOVE CLASSI SOCIALI

Le città hanno una struttura sociale complessa. Ci sono artigiani di tutte le categorie. Ci sono professionisti come notai, cambiavalute, medici, avvocati, docenti universitari. C'è poi una classe nuova la **borghesia** (abitanti del borgo), che fonda la sua ricchezza sul **denaro** e non sul possesso di terre. I primi commerci riguardano le manifatture tessili fiamminghe e inglesi e ben presto anche l'Italia comincia a produrre tessuti di lana di buona qualità. Molto ricco è anche il commercio di spezie dall'Oriente. Sono usate in grande quantità in tutta Europa per la preparazione di medicinali e per la conservazione e il condimento dei cibi.

• Borghesi

Il cuore della città: la Cattedrale

In città l'attività più diffusa è l'**artigianato** e le **botteghe** si affacciano sulle strade e sulla piazza principale. La gente s'incontra in **piazza** per comprare, discutere, sbrigare i propri affari. E' sulla piazza che si fanno feste e spettacoli. La gente impara a stare insieme, a preoccuparsi del bene pubblico, del decoro e del prestigio della propria città. Le città più importanti sono sedi vescovili e ben presto si comincia a costruire, affacciata sulla piazza principale, un'enorme chiesa che si slancia verso il cielo: **la cattedrale.**

• Duomo di Siena

Le cattedrali hanno bellissime vetrate a mosaico. Alle pareti grandi **affreschi** raccontano episodi del Vangelo e della vita di Santi. Le cattedrali svolgono tre funzioni importanti: rendono importante una città, sono il segno della supremazia della Chiesa sul potere di feudatari e sono il luogo per insegnare le Sacre Scritture al popolo che non sa leggere attraverso le sue pitture chiamate la **"Bibbia dei poveri"**.

In tutta l'Europa, negli stessi anni c'è una fioritura di cattedrali. Nel 1078 si inizia la cattedrale di **San Giacomo di Compostela**. Nel 1095 **S. Marco a Venezia**. Nel 1120 **S. Zeno a Verona**. Nel 1250 il **Duomo di Siena** (nella foto). Accanto alle cattedrali sorgono, dopo il 1200, i conventi degli Ordini Mendicanti: **Francescani, Domenicani** e **Carmelitani**, che conducono la loro opera a fianco dei poveri. Gli **Ordini Mendicanti** svolgono un ruolo di rinnovamento spirituale nella Chiesa, fortemente legata dai benefici feudali al potere temporale, richiamandola agli ideali evangelici e a quelli della povertà.

• San Domenico

• San Francesco

benvenuti in Italia - VOLUME 2

Le Università

Nell'alto Medioevo vengono istituite le **Scuole Vescovili** che acquistano sempre maggiore importanza fino a diventare grossi centri per lo studio della teologia, della filosofia, della matematica, del diritto. Qui affluiscono docenti di tutte le città.
Gli insegnanti seguono il modello delle Corporazioni degli artigiani e si riuniscono in **Universitas doctorum** (Università dei dottori). I **doctores** ottengono il permesso di insegnare dal vescovo o dal feudatario su licenza del papa.
La prima università italiana nasce a **Bologna nel 1088**, la seconda a Parigi e gradualmente tutte le città più importanti sono centri universitari.
La cultura riceve un forte stimolo e si fa viva, discussa.

• Miniatura rappresentante una disputa

• Dante Alighieri

DANTE E LA DIVINA COMMEDIA

Le città diventano polo di attrazione per tutti quegli studenti che sono in grado di pagarsi gli studi e si preparano a diventare imprenditori, professionisti e "letterati". E' in questo periodo che nascono le prime opere letterarie in **lingua volgare**. Sono volumi di argomento religioso, amoroso o di avventura.
Il nome più celebre di scrittore in lingua volgare è **Dante Alighieri**, che ha scritto la **Divina Commedia**. Un poema in versi che descrive un viaggio dell'anima nei regni dell'Oltretomba per arrivare, alla fine, alla beatitudine del Paradiso.

Papato e Impero: lotta per le "investiture"

Carlo Magno ha ricevuto lo scettro imperiale dal Papa. Egli detiene il potere spirituale e temporale. Gli imperatori che sono venuti dopo per tutto l'Alto Medioevo sono stati incoronati sempre dal papa.

Molti imperatori nella nomina dei feudatari hanno incluso anche dei **chierici**, che hanno nominato loro stessi vescovi, sono i **vescovi-conti**. Ciò è contrario ai principi della Chiesa perché i vescovi devono essere nominati ("investiti") dal papa.
Nasce una disputa sull'origine del potere. Per il papa l'origine di tutti i poteri è divina. Gli imperatori sostengono che l'impero deriva dagli imperatori romani, che sono antecedenti alla venuta di Cristo sulla terra, quindi non subordinati al papa.

Dopo lotte, scomuniche, richieste di perdono da parte di imperatori si giunge nel **1122** a un accordo:
IL CONCORDATO DI WORMS, il quale stabilisce che i vescovi devono essere "investiti" dal papa. Solo dopo possono ricevere cariche pubbliche dall'imperatore.

• Enrico IV a Canossa

CURIOSITÀ

ANDARE A CANOSSA…

L'imperatore **Enrico IV** viene scomunicato dal papa Gregorio VII, perde così l'autorità sui suoi feudatari.
Per riacquistare il potere è costretto a chiedere perdono al Papa. Questo avviene a Canossa, un castello dell'Appennino Emiliano, dove secondo la leggenda Enrico IV ha atteso per giorni fuori, in mezzo alla neve, il perdono del Papa.
Ancora oggi questo modo di dire significa attendere un perdono a costo di grossi sacrifici.

Le crociate

• Crociati sotto Gerusalemme

I papi continuano a manifestare il proprio potere temporale organizzando per ben due secoli delle spedizioni militari contro i musulmani per *liberare la Terra Santa dal dominio degli "infedeli"*.
Queste spedizioni vengono chiamate **Crociate** perché i soldati che vi partecipano hanno una casacca con una croce cucita davanti.
I cavalieri non sono animati solo dal "sacro fuoco" della fede, ma uniscono il gusto per l'avventura e la speranza di far bottini favolosi in terra straniera.

La **Prima Crociata** è del **1099** ed è un successo. Gerusalemme viene liberata dai musulmani, divisa in quattro stati e affidata ai monaci-soldati creati proprio per difendere Gerusalemme e proteggere i pellegrini che si recano al Santo Sepolcro Sono chiamati **Templari**, **Ospitalieri** e **Cavalieri Teutonici**.
Tutte le altre crociate, l'ultima è del 1270, falliscono. Numerosi sono i morti.
I Cavalieri perdono gran parte dei loro averi. Lo scontro religioso tra cristiani e musulmani diventa sempre più aspro.
Qualche vantaggio dalle crociate c'è soltanto per alcune Repubbliche Marinare come **Genova** e **Venezia**. Soprattutto in questo periodo a Venezia aumenta il gusto per il lusso e la curiosità per tutto ciò che viene dall'Oriente.

CHI SONO I CAVALIERI?

La **cavalleria** viene creata da Carlo Martello per combattere gli "infedeli" in Spagna. Sono soldati a cavallo proprio come gli arabi che combattono a cavallo.
Dopo il 1000 vengono nominati cavalieri i figli cadetti.
Il primogenito riceve in eredità il feudo, i figli nati dopo (i cadetti) diventano militari e si mettono al servizio di un signore con la speranza di arricchire con la guerra.
Il Cavaliere gode di prestigio agli occhi del popolo e spesso combatte anche a difesa degli umili.

DAL GIURAMENTO DEL CAVALIERE...

"Non invaderò in nessun modo una chiesa... Non attaccherò il chierico né il monaco... Non assalirò il contadino o il mercante, né prenderò il loro denaro, mi comporterò allo stesso modo con le vedove e con le monache.
Non fermerò cacciatori, i loro cavalli e i loro cani, salvo se mi minacciano... Non incendierò né abbatterò le case, a meno che non si trovi un cavaliere mio nemico o un ladro, e a meno che siano unite a un castello..."

I doni degli Arabi

Aranci, albicocchi, palme da datteri, cotone, canne da zucchero sono piante oggi conosciute da tutti, ma i Romani non le conoscevano.
Furono gli Arabi a coltivarle nelle nostre terre. Soprattutto in Sicilia. In questa isola costruirono anche templi e palazzi.
Broccati, damaschi, mussoline di lana, lame di acciaio, cuoio, lavori in argento, in pelle, in rame conservano anche nella produzione odierne il gusto arabeggiante.
Parole come: zenit, nadir, azimut, che in astronomia si usano ancora testimoniano il grado di conoscenza raggiunto dagli Arabi in astronomia.
Il contributo più grande che viene riconosciuto a questa civiltà ed al suo contatto con l'occidente in questo momento storico è dato dalle cifre dette appunto arabe: 0, 1, 2, 3, 4, 5, 6, 7, 8, 9, e del sistema metrico decimale.
Gli Arabi lo avevano appreso dall'India e lo diffusero in Occidente. Da allora si usa al posto della complicata numerazione romana.

Le Repubbliche marinare

Stemma di Venezia. Stemma di Genova.
Stemma di Pisa. Stemma di Amalfi.

Prima che le maggiori città italiane riescano a liberarsi dai legami feudali, alcune città costiere raggiungono l'autonomia amministrativa perché l'imperatore non riesce a controllare tutti i suoi territori. Esse provvedono a difendersi dall'attacco dei pirati arabi e a poco a poco si rendono indipendenti diventando **repubbliche**. Su numerose città costiere quattro si mettono in evidenza e, in ordine di tempo, hanno il loro momento di splendore e poi di declino: **Amalfi, Pisa, Genova** e **Venezia**. Quest'ultima riesce a mantenersi fiorente per molti anni e più a lungo delle altre. Diventa una città ricchissima.

B L'Italia di ieri

• Amalfi

Le città marinare hanno avuto il merito di mantenere i contatti tra il mondo musulmano e orientale e l'Europa Cristiana attraverso regolari rapporti commerciali.
Negli scali dell'Egitto, della Siria, della Turchia e del Mar Nero vengono creati fondachi per le merci (magazzini), ospedali, ricoveri, posti di guardia. Queste località diventano zone franche (libere da tassazione) qui avvengono gli scambi.
Dall'Europa si portano ferro, legno, e schiavi dalle regioni russe e si comprano, oltre alle spezie, la carta, la seta, l'avorio, l'oro, i tappeti pregiati.
Le rotte verso l'oriente vengono mantenute libere dai pirati e i traffici continuano per molto tempo. Gli scambi commerciali sono l'occasione per conoscere nuovi mondi e nuove culture.
Un veneziano, **Marco Polo**, figlio di mercanti, ci ha descritto nel suo libro **"Il Milione"**, le terre, le usanze, i modi di vivere, i prodotti che si trovano nella Cina del Gran Kan. Inventa un genere letterario, una sorta di "guida per commercianti".

• Pisa

• Genova

• Venezia

• Mercante di tessuti, vetrata del XIIIsec. Cattedrale di Losanna

I Liberi Comuni

Nell'Italia Settentrionale e Centrale quasi tutte le città sono diventate **Liberi Comuni** che riconoscono l'autorità imperiale ma, di fatto sono autonomi e indipendenti.
Quando Federico Barbarossa giunge in Italia per farsi incoronare Imperatore ordina che i Comuni gli paghino un tributo e che venga riconosciuta la sua autorità.
I Comuni, allora, si alleano in una lega: la **Lega Lombarda** e si oppongono all'Imperatore.
Federico muove guerra ai Comuni maggiori. Distrugge e rade al suolo Milano ma i Comuni non si danno per vinti, appoggiati dal papa, che teme lo strapotere dell'Imperatore, riescono a battere il Barbarossa a Legnano.
L'Imperatore è costretto a riconoscere ai Comuni le libertà che avevano per anni difeso. **È il 1183**.

Il Barbarossa non si dà per vinto. Riesce a far sposare suo figlio Federico II con la figlia del Re di Sicilia, Costanza d'Altavilla. Così facendo riesce ad estendere il suo dominio anche sull'Italia Meridionale.
Federico II è un uomo colto e saggio, ama la cultura, ospita alla sua corte musicisti, poeti e letterati, fonda la **"Scuola Poetica Siciliana"**, che produce per prima in Italia, opere in lingua volgare anziché in latino.

A Napoli fonda la prima **Università di Stato** e a Salerno la prima **Cattedra di medicina**. Sotto il suo regno il Mezzogiorno gode di pace e prosperità.

• Federico II

L'Europa è di nuovo in crisi: la peste

Verso la metà del XIV secolo **l'Europa è in crisi**. L'agricoltura, che aveva visto fino al XIII secolo momenti di crescita e di sovrapproduzione, adesso è sempre più povera. Il terreno è troppo sfruttato e non è in grado di dare pane sufficiente a una popolazione che è diventata molto numerosa.
La **fame** rende deboli e più esposti alle malattie.
Le città sono sovraffollate e le condizioni igieniche sono molto precarie dal momento che tutto viene riversati in strada. Non esistono fognature. Non c'è segno di igiene. In case piccolissime vivono tante persone.
Verso la metà del secolo si diffonde in tutta Europa **la peste** che aggrava una situazione già difficile. Nel giro di pochi anni la popolazione diminuisce, secondo zone, anche del 40%. Le città sono svuotate. Le campagne sono in abbandono e incolte.

• Trionfo della morte

L'equilibrio sociale cambia notevolmente: si indeboliscono i legami parentali, molti profittano della morte per far soldi anche con le razzie. **Giovanni Boccaccio**, un autore vissuto in quel periodo a Firenze, così scrive nel suo libro il **Decamerone**: "L'un fratello l'altro abbandonava, e il zio il nipote e la sorella il fratello e spesse volte la donna il marito e i padri e le madri i figlioli".
La **peste** viene definita la "bomba atomica" del Medioevo perché distrugge tutti i legami dell'uomo con la sua famiglia, il suo paese, la sua corporazione di lavoro.
L'uomo si trova solo di fronte alla Morte.

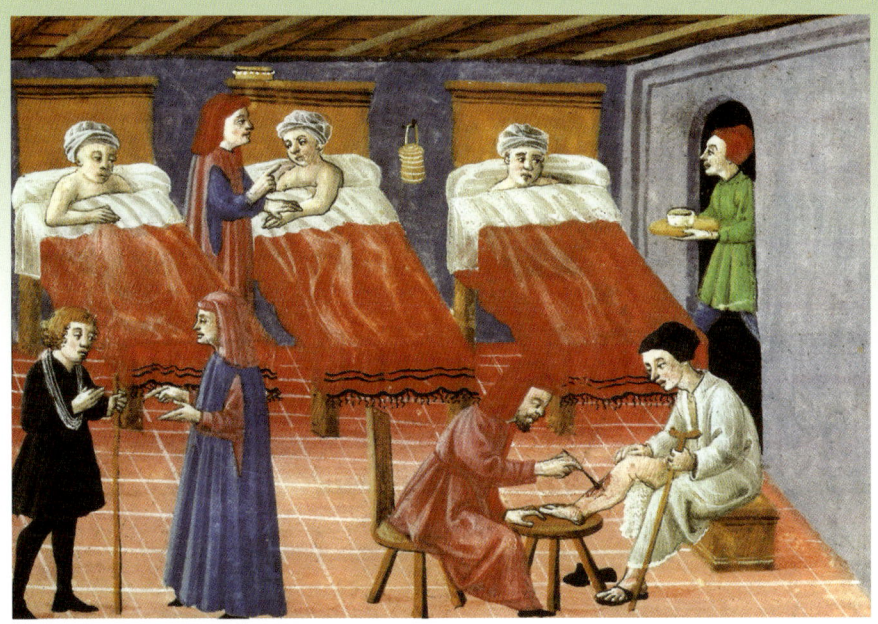

• Miniatura del Manoscritto Gaddiano Biblioteca Laurenziana, Firenze

Chi si salva dalla peste si abbandona a sfrenati godimenti oppure si dedica al servizio degli altri con opere di misericordia.
In questo periodo vengono aperti, vicino al palazzo del Vescovo, **ospedali** e **lazzaretti** luoghi in cui si curano i malati di peste.

Gli uomini che sopravvivono alla peste hanno una mentalità aperta, borghese, attenta al valore del lavoro come mezzo per ottenere un livello di vita accettabile.
Le differenze sociali tra ricchi borghesi e popolo fanno scoppiare rivolte e tumulti sia in campagna sia in città. Ora che la popolazione è diminuita gli imprenditori sono costretti a pagare salari più alti. In campagna si diffonde **la mezzadria**.
In tutta Europa si formano gli **Stati Nazionali**. In Italia a Nord c'è una miriade di **Liberi Comuni** e **Signorie**, al Centro e al Sud lo Stato della Chiesa, gli Angioini e gli Aragonesi governano ancora la popolazione secondo un **sistema feudale**.
Il divario con l'Europa diventa significativo.

I pellegrinaggi nel Medioevo

Per tutto il **Medioevo** i cristiani sono soliti compiere pellegrinaggi. Le mete preferite sono **Gerusalemme**, luogo della crocifissione di Cristo, **Roma**, luogo del martirio di Pietro e Paolo e sede del papa, **Santiago de Compostela**, in Galizia (Spagna), luogo della tomba dell'apostolo Giacomo.

- Pellegrini, G. Della Robbia, ospedale del Ceppo, Pistoia

- San Giacomo

Il **pellegrinaggio** è un'esperienza per testimoniare la propria fede. I pellegrini sono riconoscibili perché indossano un lungo mantello, hanno un bastone e vanno a piedi. Durante il pellegrinaggio si fa esperienza di comunità perché di solito i pellegrini si muovono in gruppo. Si fa un pellegrinaggio per fare penitenza, per chiedere una grazia o per ringraziamento.
Mentre Roma rimane sempre meta di pellegrinaggio, durante il Medioevo risultano difficili gli spostamenti verso Gerusalemme perché la Terra Santa è occupata dai Turchi.

- Tomba del Santo

Comincia un grande flusso di gente da tutta Europa verso **Santiago de Compostela**.
Secondo la tradizione l'apostolo **Giacomo**, fratello di Giovanni l'Evangelista, compie un viaggio in Spagna per annunciare il vangelo e si ferma in Galizia. In seguito ritorna in Palestina, dove nel 44 è martirizzato.
I suoi discepoli trasportano il corpo di San Giacomo di nascosto nuovamente a Finisterre, lembo nord del mondo allora conosciuto. Fra gli anni 812 e 814 il vescovo Teodomiro ritrova la tomba del Santo. Così si racconta nell'Historia Compostelana: *"In un accampamento vicina a Iria Flavia si cominciarono a vedere delle luci ardenti inspiegabili e angeli. Il vescovo Teodomiro verificò di persona questi fatti prodigiosi, fu così che si giunse alla scoperta dell'arca di marmo che conteneva il corpo del Santo"*.

Il luogo in cui erano apparse le luci ardenti viene chiamato **"campus stellae"** che diviene **"Compostela"** nella lingua spagnola.
Ben presto si cominciano a costruire edifici religiosi e, prima da tutta la Spagna, poi da tutta Europa, si diffonde l'usanza di recarsi in pellegrinaggio alla tomba dell'apostolo Giacomo.

"EL CAMINO"

I pellegrini seguono un percorso segnato ("El camino"). Da tutta Europa ci sono delle vie speciali che conducono tutte a Puente la Reina, dopo aver passato i Pirenei. Dopo Puente la Reina, il percorso si fa unico e articolato in tredici tappe fino a **Santiago de Compostela**. I pellegrini prima visitano la tomba del Santo poi compiono altri 140 km per arrivare a Finisterre, di fronte all'Oceano Atlantico. Qui sulla spiaggia vengono raccolte delle conchiglie a pettine chiamate capesante e attaccate al bastone. Al ritorno a casa testimoniano l'avvenuto pellegrinaggio.

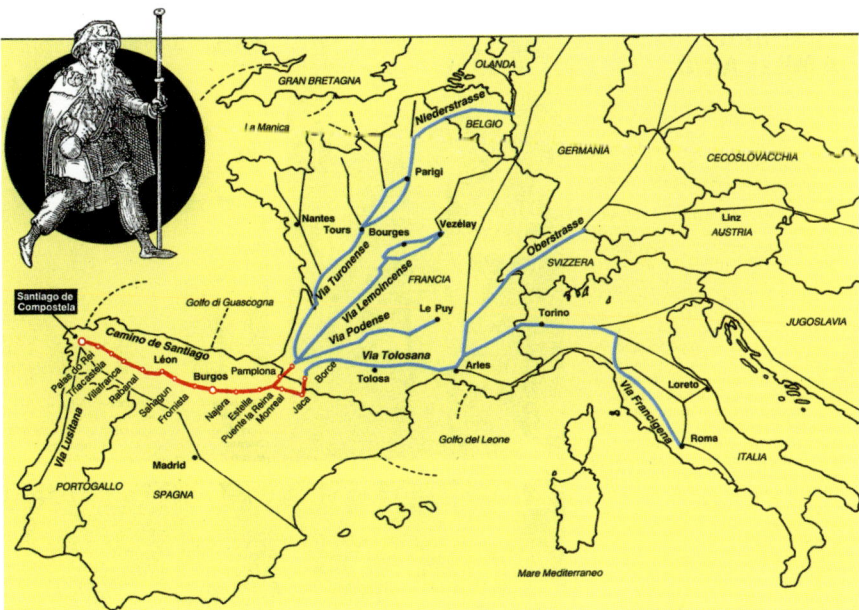

Al ritorno in patria i pellegrini continuano a vedersi, fondano delle **Confraternite** e si dedicano alle opere di carità, rendono fecondo l'insegnamento del viaggio compiuto.
In Italia il principale centro di cultura jacopeo si sviluppa a Pistoia, dove dal 1144 si custodisce una reliquia di San Giacomo.

B L'Italia di ieri

benvenuti
IN ITALIA

Note di storia

B modulo

Quaderno dello studente

ESERCIZIO A

Scelta multipla

Il Medio Evo è un
- ☐ periodo storico
- ☐ film
- ☐ periodo di tempo difficile

I Longobardi sono
- ☐ gli attuali Ungheresi
- ☐ un popolo conquistato dai Romani
- ☐ un popolo di uomini molto alti

I Franchi sono
- ☐ un popolo di uomini sinceri
- ☐ gli attuali Francesi
- ☐ un popolo amico dei Romani

I Monasteri sono comunità di
- ☐ persone che lavorano e pregano
- ☐ scienziati
- ☐ amici

I Benedettini si chiamano così perché
- ☐ sono persone benedette da Dio
- ☐ seguono la regola di San Benedetto
- ☐ benedicono il popolo

I monaci
- ☐ trascrivono testi antichi
- ☐ sono celebri scrittori
- ☐ sono abili editori

San Benedetto è nato a
- ☐ Roma
- ☐ San Benedetto del Tronto
- ☐ Norcia di Perugia

ESERCIZIO B

Vero / Falso

	V	F
1. I Franchi si convertono alla religione cristiana	☐	☐
2. I Franchi frenano l'avanzata degli Arabi in Europa	☐	☐
3. Carlo, re dei Franchi, è imperatore del Sacro Romano Impero	☐	☐
4. I FEUDI sono territori autonomi dal potere dell'imperatore	☐	☐
5. Le contee sono città vicine al mare	☐	☐
6. Le contee sono feudi formati da territori interni	☐	☐
7. Le Marche sono feudi di confine	☐	☐
8. La società medioevale è piramidale	☐	☐
9. La società medioevale è molto democratica	☐	☐
10. Le tasse medioevali richiama corvé e decime	☐	☐

ESERCIZIO C

Rispondi alle domande

1. Come sono costruiti i primi castelli?

2. Come si difendono i castelli medioevali?

3. Dove viene costruita la casa-torre e a che cosa serve?

4. Che cosa sono e a che cosa servono gli arieti?

5. Quanti piani ha la casa del signore costruita nel castello?

6. Di quale materiale è il tetto della casa del signore?

benvenuti in Italia - VOLUME 2

B L'Italia di ieri

7. Che tipo di riscaldamento si usa?

8. Come è arredata la casa medievale?

9. Quali sono i pasti principali nel Medio Evo?

10. Quali sono gli alimenti più in uso nel Medio Evo?

11. Come si dorme nel Medio Evo?

12. Come vestono le donne nel Medio Evo?

ESERCIZIO D

COMPLETA

Dopo il Mille si diffondono _____ sugli abiti. Viene usato _____ al posto della pasta di sapone. Vengono messi _____ alle finestre e _____ ai focolari. Vengono applicate _____ all'aratro. Viene inventato _____ che serve a rompere le zolle e a ricoprire i semi. Viene applicato _____ alle bestie che tirano l'aratro poggiato sulle spalle in sostituzione del collare lento che soffocava l'animale. Si diffonde anche l'uso _____ i cavalli. Si comincia ad usare _____ per macinare il grano, le olive e per lavorare il ferro.

ESERCIZIO E

FAI LE DOMANDE

1. _____?
   Dopo il 1000 nelle città ci sono artigiani, notai, medici, avvocati, docenti universitari, mercanti.
2. _____?
   Le città riconquistano la propria libertà dal feudatario con le tasse e con i Liberi Comuni.
3. _____?
   I borghesi sono gli abitanti del borgo che basano la loro ricchezza sul denaro e non sulle terre.
4. _____?
   I primi commerci riguardano lo scambio di tessuti di lana di buona qualità
5. _____?
   Le spezie dall'Oriente servono per la preparazione di medicine e per conservare e condire i cibi.

ESERCIZIO F

GUARDA LA FOTO DEL DUOMO DI SIENA E PROVA A DESCRIVERLO.

_____

_____

ESERCIZIO G

RIMETTI AL POSTO GIUSTO I VERBI

Le città _____ polo di attrazione per tutti quegli studenti che _____ in grado di pagarsi gli insegnanti e _____ a diventare imprenditori, professionisti e letterati. In questo periodo _____ le prime opere letterarie in lingua volgare d'argomento religioso, amoroso o d'avventura. Il nome più celebre di scrittore in lingua volgare _____ Dante Alighieri che _____ la Divina Commedia. Un poema in versi che _____ un viaggio dell'anima nei regni dell'Oltretomba.

> PRESENTARE – SCRIVERE – ESSERE –
> DIVENTARE – ESSERE – PREPARARSI –
> ESSERE

ESERCIZIO H

RICORDA E RICERCA

1. Trova sulla carta geografica d'Italia le città importanti centri marinari: Genova, Pisa, Amalfi, Venezia.
2. Trova sulla carta geografica l'Egitto, La Siria, la Turchia.
3. Che cosa esporta l'Europa delle Repubbliche Marinare?
4. Che cosa importa?
5. Chi ha scritto il MILIONE?
6. Di che cosa parla questo libro?

ESERCIZIO I

COMPLETA CON LE DESINENZE

FEDERICO Barbarossa non si dà per vinto. Riesc___ a fare sposare su___ figlio Federico II con la figli___ del Re di Sicilia Costanza D'Altavilla. Così estende il suo domini___ anche sull'Italia meridional___. Federico II è uomo colt___ saggi___, ama la cultur___, ospita alla sua cort___, musicisti, poet___ e letterat___. Fonda la Scuola Poetic___ Siciliana___ che produce per prim___ in Italia, opere in lingua volgar___, anziché in latino.
A Napoli fonda la prim___ Universit___ di Stato e a Salerno la prima cattedr___ di medicin___.

ESERCIZIO L

Riordina le frasi

1. In tutta la peste Europa la metà verso del secolo XIV si diffonde.
2. Diminuisce nel giro la popolazione di anni pochi.
3. E sovraffollate sono le condizioni città igieniche precarie delle.
4. Morte profittano molti per soldi fare della.
5. Decamerone scrive in Boccaccia Giovanni Firenze periodo a quel il.

ESERCIZIO M

Completa

_____ è un'esperienza per testimoniare la propria fede i _____ sono riconoscibili perché indossano un lungo _____, hanno _____ e vanno a piedi.
Di solito i pellegrini si muovono in _____.
Si fa un pellegrinaggio per _____, per chiedere o per _____.

ESERCIZIO N

Cerca notizie

Con l'aiuto dei compagni e del professore cerca notizie su *Dante Alighieri, Giovanni Boccaccio, Francesco Petrarca* e sulle opere letterarie più importanti che hanno scritto.

ESERCIZIO O

Leggi il parafo "I doni degli Arabi"
Sottolinea almeno dodici parole con la doppia.
Leggile a voce alta.
Riscrivile per formare frasi nuove: *Gli albicocchi sono alberi da frutto.*

ESERCIZIO O

Completa concordando gli aggettivi

Prima che le maggior___ città italian___ riescano a liberarsi dai legami feudal___, alcu___ città costier___ raggiungono l'autonomia amministrativ___ perché l'imperatore non riesce a controllare tutt___ i suoi territori. Esse provvedono a difendersi dall'attacco dei pirati arab___ e a poco a poco si rendono indipendent___ diventando repubbliche.
Su numeros___ città costier___ quattro si mettono in evidenza e in ordine di tempo hanno il lor___ momento di splendore e poi di declino: Amalfi, Pisa, Genova e Venezia. Quest'ultim___ riesce a mantenersi fiorent___ per molt___ anni e più a lungo delle altre. Diventa una città ricchissim___.

Note di civiltà

B modulo

l'Unione Europea

B L'Unione Europea

L'Unione Europea

Le adesioni all'Unione Europea
- Nel 1957
- Nel 1973
- Nel 1981
- Nel 1986
- Nel 1995

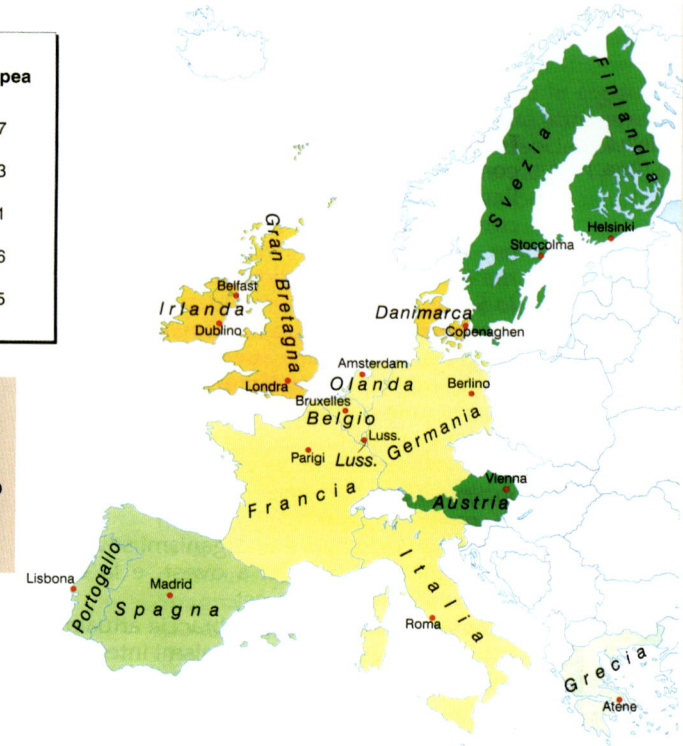

L'integrazione europea ha garantito mezzo secolo di pace, stabilità e benessere economico. Ha contribuito ad innalzare il livello di vita, ha permesso la realizzazione di un mercato interno e di adottare l'EURO come moneta unica tra gli Stati della Comunità.

CHI NE FA PARTE

Le radici dell'Unione Europea nascono nel 1950 con la partecipazione di sei stati: **Belgio, Germania, Francia, Italia, Lussemburgo, Paesi Bassi**. Entrano poi nel 1973: **Danimarca, Irlanda,** e **Regno Unito,** nel 1981 la **Grecia**, nel 1986 la **Spagna** e il **Portogallo**, nel 1995 l'**Austria**, la **Finlandia** e la **Svezia**. Inizialmente l'**Unione Europea comprende 15 Stati**.

L'EUROPA NEL 2004

L'Unione Europea si fonda sui principi dello stato **di diritto e della democrazia**. Non si tratta di un nuovo Stato. Gli Stati membri, attraverso istituzioni comuni delegano alcuni poteri su questioni specifiche, ma di interesse comune. L'unione di questi poteri o sovranità viene chiamata anche **"integrazione europea"**.

I principali obiettivi dell'Unione Europea
- Instaurare la cittadinanza europea
- Garantire libertà, sicurezza e giustizia
- Promuovere il progresso economico e sociale
- Parlare al mondo con una sola voce

Organi di governo dell'Unione Europea
- Il Parlamento Europeo
- Il Consiglio Europeo
- Il Consiglio dell'Unione Europea (dei Ministri)
- La Commissione Europea
- La Corte di Giustizia
- La Corte dei Conti

STATI ENTRATI NELL'UE DAL 2004
1. Cipro
2. Estonia
3. Lettonia
4. Lituania
5. Malta
6. Polonia
7. Repubblica Ceca
8. Slovacchia
9. Slovenia
10. Ungheria

L'idea di Europa

Tante vicende hanno segnato la lunga storia del Vecchio Continente, ma un'idea è stata sempre costante: cercare uno spirito unitario e solidale al di sopra dei confini dei vari Stati. Scrive Voltaire, filosofo francese, nella seconda metà del Settecento:
"L'Europa è una grande repubblica divisa in più Stati, gli uni monarchici, gli altri misti, alcuni aristocratici, altri popolari, ma tutti abbastanza simili in quanto hanno uno stesso fondo di religione, e tutti hanno gli stessi principi di diritto pubblico e di politica, principi sconosciuti nelle altre parti del mondo."
L'idea di un'Europa unita viene tenuta in vita, in Italia, da un grande sostenitore ed ispiratore, il repubblicano **Giuseppe Mazzini**. In seguito, però, la lotta tra i popoli e tra le nazioni e le conseguenti divisioni dell'Europa, insieme ad una forte crisi economica (1907) condurranno alla Prima Guerra Mondiale. Lo scoppio della guerra e gli accesi nazionalismi poi indeboliscono le ultime speranze di unità tra i popoli dell'Europa e portano inevitabilmente allo scoppio della Seconda Guerra Mondiale.
E' solo dopo la Seconda Guerra Mondiale, durante la Resistenza, che, sempre in Italia, **Altiero Spinelli** fonda il **Movimento Federalista Europeo**, progetto ripreso dal francese **Schuman**, dal tedesco **Adenauer** e dall'italiano **De Gasperi**. Il loro obiettivo era quello di evitare il ritorno a nuovi totalitarismi di tipo nazista o fascista. Ormai da più di mezzo secolo, fatto nuovo nella sua millenaria storia, l'Europa ha lentamente riconquistato il suo posto culturale, politico ed economico nel mondo.

IL PERCHÉ DI UN'EUROPA UNITA

Come abbiamo visto, dopo la Seconda Guerra Mondiale, L'Europa Unita diventa realtà.
Gli enormi danni umani e materiali, l'indipendenza delle colonie, la divisione in due blocchi: da una parte l'Ovest unito a Washington attraverso un patto militare, la Nato e dall'altra l'Est, riunito in un altro accordo militare, il **Patto di Varsavia**, sotto l'influenza di Mosca, rendono molto delicata e difficile la posizione dell'Europa che teme di essere schiacciata da queste due superpotenze dotate di armi atomiche.
Per riavere autonomia, potere, sicurezza, forza politica ed economica deve smetterla con i contrasti ed unirsi sotto ideali, leggi e programmi unitari.

I COSIDDETTI "PADRI DELL'EUROPA"

• Schuman

• Altiero Spinelli

La svolta decisiva avviene nel **1991**, a **Maastricht** (Paesi Bassi). Qui i vari Capi di Stato e di Governo (allora 12) della CEE **firmano il Trattato che nel 1993 poi costituisce l'UNIONE EUROPEA**. Con questo trattato avviene una maggiore integrazione politica della Comunità. Il Parlamento Europeo assume più poteri in materia di politica estera, economica, monetaria, sicurezza, sanità, istruzione. Viene stabilito il **principio di sussidarietà**, attraverso il quale la Comunità può svolgere e risolvere quei problemi che gli Stati da soli non potrebbero affrontare.

Cittadini europei

Per la pace e lo sviluppo

Con l'Unione Europea nasce qualcosa di nuovo. Uno Stato Confederale che non annulla i singoli Stati Nazionali e le loro identità, ma che invece ha il compito di valorizzare la cultura e i caratteri particolari dei popoli che ne fanno parte e costruire una cultura sopranazionale fatta di collaborazione e cooperazione comune.

Tra i **valori fondamentali** riconosciuti vi sono la realizzazione di una **pace durevole, l'unità, l'uguaglianza, la libertà, la sicurezza e la solidarietà**.

Quella della pace è sicuramente l'esigenza più sentita.
L'Unione Europea nel suo ordinamento esclude qualsiasi possibilità di una nuova guerra tra i suoi Paesi membri. Questa pace potrà continuare soltanto se il cammino degli Stati Europei porterà ad una vera e concreta **unità**.
Tutti i problemi di questo nuovo millennio: disoccupazione, inquinamento, terrorismo, non possono essere risolti da un singolo Stato. Solo l'Europa insieme ed unita, con uno sforzo comune e **solidale**, potrà essere in grado di riacquistare un proprio ruolo nella politica mondiale.

Dal 1 gennaio 1993, data dell'entrata in vigore del Trattato di Maastricht, gli abitanti del vecchio continente diventano **cittadini europei**. Nessuna discriminazione di nazionalità, di sesso, di razza, di religione o d'ideologia.
Tutti i cittadini europei sono uguali di fronte alla legge e godono degli stessi diritti. In nome della **libertà** e dell'**uguaglianza** ci si può stabilire in qualsiasi Paese comunitario, far circolare liberamente merci e capitali, svolgere un lavoro o prestare dei servizi, avere diritto di voto e candidarsi alle lezioni della città dove si risiede.

Le istituzioni europee

L'Unione Europea opera attraverso organi indipendenti che rappresentano gli interessi nazionali e quelli della Comunità.

Questi gli organi principali

Il Consiglio Europeo
E' formato dai Capi di Governo e dal Capi di Stato. Si riunisce almeno due volte all'anno (i cosiddetti "vertici europei") generalmente all'apertura e alla chiusura dei semestri di presidenza per discutere dei problemi generali e in specie di politica estera e di sicurezza.

Il Consiglio dell'Unione Europea
E' più noto come Consiglio dei Ministri ed è composto appunto dai ministri dei singoli Stati membri. Ogni Stato, a turno di sei mesi, ne assume la presidenza. Esso si occupa di economia e finanza, agricoltura, trasporti, ambiente e si riunisce, a Bruxelles in Belgio, ogni volta che è necessario.

La Commissione Europea
E' uno degli organi chiave del sistema istituzionale comunitario. E' un organo permanente, con sede a Bruxelles. Dirige tutta l'amministrazione, propone anche autonomamente le leggi europee e ne assicura l'esecuzione. Ogni Paese ha un proprio commissario che si occupa di un settore specifico. L'Italia, insieme a Francia, Germania, Gran Bretagna e Spagna, ha diritto a due commissari.

Il Parlamento Europeo
Si compone di 626 deputati, eletti ogni 5 anni direttamente da tutti i cittadini maggiorenni dei Paesi membri. Ha il compito di fare le leggi. Il suo potere è stato molto rafforzato dal Trattato di Maastricht. Può approvare leggi in tutti i settori della vita politica, economica e sociale della Comunità. Di solito si riunisce a Strasburgo, in Francia

La Corte di Giustizia
Ha sede a Lussemburgo ed è composta da 15 giudici e 9 avvocati nominati dagli Stati membri per 6 anni. La Corte garantisce il rispetto del diritto comunitario nelle applicazioni dei vari trattati.

La Corte dei Conti
Si occupa di verificare la corretta gestione dei bilanci europei.

Simboli e ricorrenze dell'Unione Europea

LA BANDIERA

Nel 1986 il Consiglio d'Europa ha adottato la bandiera divenuta simbolo dell'Unione europea.
Sullo sfondo blu del cielo, una corona di dodici stelle dorate rappresenta l'unione dei popoli europei. Il numero delle stelle, invariabile, è simbolo di perfezione e unità.

LA GIORNATA EUROPEA

Il 9 maggio 1950, Robert Schuman presentava la proposta di creare un'Europa Unita e organizzata al fine di mantenere la pace tra i suoi stati.
Questa proposta è nota come *"dichiarazione Schuman"* ed è considerata l'atto di nascita dell'Unione europea. Per questo, ogni **9 maggio** è diventato il simbolo della **Giornata Europea**.
Questa celebrazione è un'occasione per festeggiare e per avvicinare l'Europa ai suoi cittadini e ai popoli che la compongono.

"L'ANNO EUROPEO DI…"

Ogni anno o ogni due anni, l'UE richiama l'attenzione pubblica su un particolare aspetto e organizza una serie di iniziative speciali.

CAPITALI DELLA CULTURA

Ogni anno una città europea viene designata *"capitale della cultura"*. L'obiettivo è quello di pubblicizzare e celebrare attraverso iniziative culturali le attrattive che queste città offrono del ricco e comune patrimonio culturale che possiedono.

L'inno europeo

Si tratta dell'"INNO ALLA GIOIA", preso da un poema di Friedrich von Schiller e che Ludwing van Beethoven musicò come melodia finale della Nona Sinfonia del 1823. Nel 1985 viene adottato dai Capi di stato e di governo dell'UE come inno ufficiale dell'Unione Europea. Il brano, orchestrato dal celebre direttore d'orchestra Herbert von Karajan, esprime, con il linguaggio universale della musica, gli ideali di libertà, di pace e di solidarietà voluti e cercati dall'Europa.

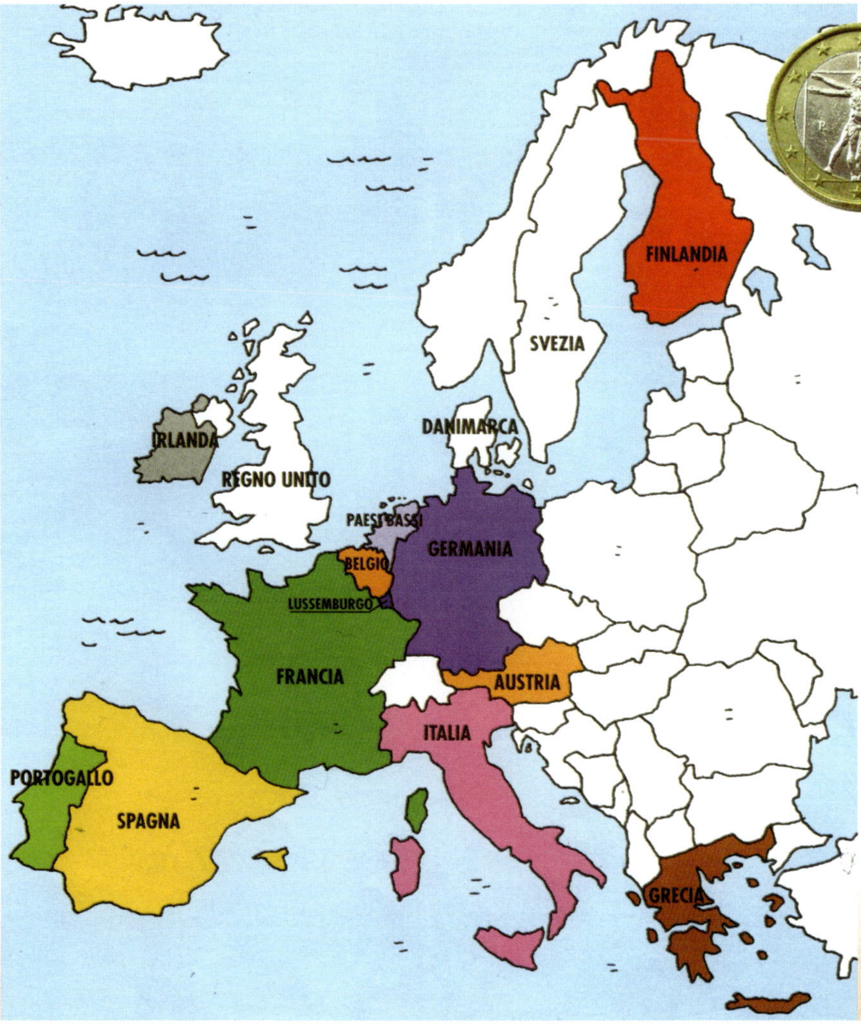

L'**EURO**, nasce il 3 maggio 1998 quando il Parlamento Europeo ha detto sì alla Unità Monetaria Europea (UEM), ossia a una **Moneta Unica**, l'Euro. Il passaggio all'uso definitivo dell'Euro avviene gradualmente fino al 30.06.2002. Dopo questa data, **dal 1 luglio 2002, la lira e le altre monete nazionali perdono il loro valore legale e non vengono più accettate in pagamento**. L'Euro è un passo importante nel cammino dell'Unione Europea, rappresenta l'unione di forze ed economie diverse dopo secoli di divisioni.

B L'Unione Europea

Le monete metalliche sono 8: 1 e 2 euro; 1, 2, 5, 10, 20, 50 centesimi di euro. Esse hanno un lato uguale per tutti, mentre l'altro lato rappresenta immagini diverse per ogni Paese.

Le banconote Euro sono di sette tagli diversi: 5, 10, 20, 50, 100, 200, 500 Euro.
Sono tutte uguali in tutta l'Europa.

Per l'Italia un Euro vale

1 EURO = 1936,27 LIRE

benvenuti in Italia - VOLUME 2

L'impegno europeista dell'Italia

L'Italia, come abbiamo visto, ha da sempre avuto ideali europeisti e ne è stata grande sostenitrice fin dagli anni '50 insieme agli altri 5 Paesi fondatori della Comunità Europea. Personaggi come Alcide De Gasperi, Luigi Einaudi, Carlo Sforza, Altiero Spinelli, Guido Carli, hanno testimoniato l'impegno europeista di intere generazioni.
Nel 1989, oltre 29 milioni di elettori (88,1% dei votanti), attraverso un referendum dissero sì alla nascita di Unione Europea.
Città come Messina, Roma, Stresa, Venezia, Milano, Torino, Firenze sono state le sedi di alcune scelte significative del cammino dell'integrazione europea.

IN ITALIA SONO PRESENTI ENTI E STRUTTURE COMUNITARIE

Ricordiamo tra le più importanti.
La **Banca Europea per gli investimenti** di Roma che è presente fin dal 1958.
Il **Centro comune di ricerca** a Ispra (Varese). I tre Istituti presenti in questa città hanno il compito di dare sostegno scientifico e tecnico alle politiche di protezione dell'ambiente e di sviluppo sostenibile in Europa.
Inoltre sempre a Varese, è nata una **Scuola Europea** con più di 1350 studenti dalla materna alle scuole liceali.
Nel 1998 è stata istituita l'**Antenna Culturale Europea** a Torino per promuovere la cooperazione culturale nell'ambito della letteratura, della musica, degli spettacoli in genere.
Dal 1995 Torino ospita anche la **Fondazione Europea per la Formazione**, la cui missione è quella di assistere e sostenere i Paesi dell'Unione nei sistemi di preparazione professionale.

134 B L'Unione Europea

benvenuti
IN ITALIA

ESERCIZIO A

SCELTA MULTIPLA

Quanti sono gli Stati europei che nel 1950 costituiscono l'Europa?
- ☐ 15
- ☐ 25
- ☐ 6

La bandiera europea è formata da
- ☐ 12 stelle blu su fondo dorato
- ☐ 12 stelle dorate su fondo blu
- ☐ 15 stelle dorate su fondo blu

La giornata europea si celebra
- ☐ il 1 maggio
- ☐ il 9 maggio
- ☐ il 9 giugno

L'inno europeo o inno alla gioia è
- ☐ la melodia finale della nona sinfonia di Beethoven
- ☐ una musica scritta per la fondazione dell'Europa
- ☐ una sinfonia di Vagner

La moneta europea è condivisa
- ☐ in tutta Europa
- ☐ dagli Stati fondatori
- ☐ da Belgio, Spagna, Finlandia, Austria, Olanda ed altri Paesi

Esercizio B

VERO / FALSO

	VERO	FALSO
1. Giuseppe Mazzini è considerato l'ispiratore dell'Europa Unita	☐	☐
2. A Maastricht nel 1991 la C.E.E si trasforma in Unione Europea	☐	☐
3. Il Consiglio dell'Unione Europea è presieduto ogni anno da uno Stato	☐	☐
4. La Commissione Europea ha sede a Parigi	☐	☐

	VERO	FALSO
5. La Commissione Europea ha sede stabile a Bruxelles	☐	☐
6. Strasburgo è sede del Parlamento Europeo	☐	☐

Esercizio C

RISPONDI ALLE DOMANDE

1. Che cosa conosci dell'Europa?

2. Scrivi ad un amico che abita in una Nazione Europea chiedendogli di rispondere alle tue curiosità

3. Descrivi particolarità del tuo Paese che lo rendono differente rispetto all'Italia

4. Descrivi alcuni modi di vita italiani e /o europei che ti sembrano interessanti

5. In quale Nazione Europea ti piacerebbe abitare? Quali sono i motivi della tua scelta?

Esercizio D

METTI IN ORDINE

1. Le reti televisive

   ITALIA   RAI
   FRANCIA
   GERMANIA
   INGHILTERRA
   SPAGNA

B L'Unione Europea

2. Le compagnie aeree di bandiera

ALITALIA	Italia
SABENA	....
AIRFRANCE	....
KLM	....
OLIMPIC	....
IBERIA	....
TAP	....
LUFTHANSA	....
AEROFLOT	....

3. Le nazionali di calcio

Gli Azzurri	Italia
I Rossi	....
I Galletti	....
I Bianchi	....

Esercizio E

PER TELEFONARE

1. Eccoti i prefissi telefonici di alcune Nazioni europee; immagina di telefonare ad un/a compagno/a che vive in uno di questi Paesi e a chiedere informazioni relative ad un tuo prossimo viaggio nel suo Paese.

Italia 0039
Austria 0043
Belgio 0032
Danimarca 0045
Francia 0033
Germania 0049
Grecia 0030
Polonia 0048
Portogallo 00351
Romania 0040
Russia 007
Spagna 0034

2. Invia un msm per fare gli auguri di Buon Compleanno ad un amica italiana che studia a Londra

3. Invia una E-mail alla segreteria della Galleria degli Uffizi a Firenze per chiedere l'orario di apertura e il prezzo del biglietto d'ingresso

4. Invia una lettera ad un personaggio italiano che ammiri per sapere sue notizie

_____
_____
_____
_____

Esercizio F

Rimetti al posto le parole

SOLIDALE – MILLENNIO – ORDINAMENTO – SFORZO – RUOLO – IN VIGORE – COMUNITARIO – DISCRIMINAZIONE – ELEZIONI

L'Unione Europea nel suo _____ esclude qualsiasi possibilità di una nuova guerra tra i suoi Paesi membri.
Questa pace potrà continuare soltanto se il cammino degli Stati Europei porterà ad una vera e concreta unità.
Tutti i problemi di questo nuovo _____: disoccupazione, inquinamento, terrorismo, non possono essere risolti da un singolo Stato. Solo l'Europa insieme ed unita, con uno _____ comune e _____, potrà essere in grado di riacquistare un proprio _____ nella politica mondiale.
Dal 1 gennaio 1993, data dell'entrata _____ del Trattato di Mastricht, gli abitanti del vecchio continente diventano cittadini europei. Nessuna _____ di nazionalità, di sesso, di razza, di religione o d'ideologia.
Tutti i cittadini europei sono uguali di fronte alla legge e godono degli stessi diritti. In nome della libertà e dell'uguaglianza ci si può stabilire in qualsiasi Paese _____, far circolare liberamente merci e capitali, svolgere un lavoro o prestare dei servizi, avere diritto di voto e candidarsi alle _____ della città dove si risiede.

Esercizio G

Sostituisci il verbo all'infinito con la forma giusta

L'Italia, come abbiamo _____ (vedere), ha da sempre _____ (avere) ideali europeisti e ne _____ (essere) grande sostenitrice fin dagli anni '50 insieme agli altri 5 Paesi fondatori della Comunità Europea. Personaggi come Alcide De Gasperi, Luigi Einaudi, Carlo Sforza, Altiero Spinelli, Guido Carli, _____ (testimoniare) l'impegno europeista di intere generazioni.
Nel 1989, oltre 29 milioni di elettori (88,1% dei votanti), attraverso un referendum _____ (dire) sì alla nascita di Unione Europea.
Città come Messina, Roma, Stresa, Venezia, Milano, Torino, Firenze _____ (essere) le sedi di alcune scelte significative del cammino dell'integrazione europea.

Esercizio H

Rimetti le desinenze

In Italia sono presenti Enti e strutture comunitari____.
Ricordiamo tra le più importanti.

B L'Unione Europea

La Banca Europe_____ per gli investimenti di Roma che è present_____ fin dal 1958.
Il Centro comun_____ di ricerc_____ a Ispra (Varese). I tre Istituti present_____ in quest_____ città hanno il compito di dare sostegno scientific_____ e tecnic_____ alle politiche di protezione dell'ambiente e di sviluppo sostenibil_____ in Europa.
Inoltre sempre a Varese, è nat_____ una Scuola Europe_____ con più di 1350 studenti dalla scuola per l'infanzia alle scuole liceal_____
Nel 1998 è stata istituit_____ l'Antenna Culturale Europea a Torino per promuovere la cooperazione cultural_____ nell'ambito della letteratura, della musica, degli spettacoli in genere
Dal 1995 Torino ospita anche la Fondazion_____ Europea per la Formazione, la cui missione è quell_____ di assistere e sostenere i Paesi dell'Unione nei sistemi di preparazione professional_____.

Esercizio I

DESCRIVI PER ISCRITTO L'IMMAGINE A PAG. 128 "EUROPA"

Esercizio L

DESCRIVI PER ISCRITTO L'IMMAGINE A PAG. 131 RAFFIGURANTE BEETHOVEN

Esercizio M

DESCRIVI PER ISCRITTO L'IMMAGINE A PAG. 133 IN ALTO "PRESENTAZIONE DELL'EURO"

Finito di stampare nel mese di Maggio 2006
da Guerra guru s.r.l. - Via A. Manna, 25 - 06132 Perugia
Tel. +39 075 5289090 - Fax +39 075 5288244
E-mail: geinfo@guerra-edizioni.com